Catequesis de Orientación Catecumenal

Nivel 2

AF192731

Los autores

José Antonio Abad

Ha dirigido muchos años el Catecumenado Diocesano de Burgos. Autor de libros de liturgia y de artículos sobre el catecumenado. Director del Diccionario del Agente de Pastoral Litúrgica. Ha sido Profesor de Liturgia y de Eucaristía en la Facultad de Teología del Norte de España (Burgos).

Gloria Galán

Es madre de familia. Graduada en Magisterio. Ha sido profesora de Religión y Directora de un Club juvenil. Lleva dedicada muchos años a la catequesis, actividad que sigue desarrollando con ilusión. Ha participado en la autoría de diversos libros de catequesis.

Pedro de la Herrán

Es doctor en Filosofía y licenciado en Derecho Civil. Fue el iniciador del Departamento de Pedagogía Religiosa de la Facultad de Teología de la Universidad de Navarra. Con este proyecto de catequesis catecumenal supera el centenar de textos publicados para la catequesis y la enseñanza religiosa escolar.

"Hemos redescubierto que en la catequesis tiene un rol fundamental el primer anuncio o «kerygma», que debe ocupar el centro de la actividad evangelizadora".
(Papa Francisco EG n. 164)

"El modelo de toda la iniciación cristiana es el catecumenado de adultos. Por tanto, la iniciación cristiana de los niños ha de hacerse según este esquema de ideas y modelos: etapas, ritos, procesos".
(Mons. José Rico Pavés. Obispo de Jerez de la Frontera)

"El catecumenado también puede inspirar la catequesis de aquellos que, a pesar de haber ya recibido el don de la gracia bautismal, no disfrutan efectivamente de su riqueza. Estas personas pueden ser llamadas cuasi catecúmenos: cf. CT 44".
(Nuevo Directorio para la Catequesis, n. 61. III-2020)

"La catequesis familiar debe preceder, acompañar y enriquecer cualquier otra forma de catequesis".
(Juan Pablo II, CT, 68)

Nihil obstat
Arzobispado de Burgos · 12 de febrero de 2021 · Ildefonso Asenjo Quintana

Catequesis de Orientación Catecumenal de Niños · Nivel 2
© José Antonio Abad, Pedro de la Herrán, Gloria Galán 2021
© Ediciones Palabra, S.A., 2025
Ronda del Caballero de la Mancha, 59 – 28034 Madrid
Telf.: (34) 91 350 77 20 – (34) 91 350 77 39
www.palabra.es
palabra@palabra.es
ISBN: 978-84-1368-487-1
Depósito legal: M-19.274-2025
Diseño y maquetación: Pablo Larrocha // *Fotografías y recursos:* Shutterstock.es · Freepik.com
Impreso en España-Printed in Spain

www.edicionesdya.com

*E*n las últimas décadas, tras el Concilio Vaticano II, han proliferado los instrumentos al servicio de la catequesis. Junto a los catecismos han aparecido guías, materiales complementarios, recursos catequéticos, etc., orientados cada vez con más precisión al desarrollo de la acción catequética. Bien sabemos que los libros solos "no hacen la catequesis", pero pueden ser una gran ayuda. La obra que aquí se presenta, con el título "Catequesis de orientación catecumenal", responde muy bien a las exigencias del momento presente en la transmisión de la fe: puede ser utilizada en el ámbito de la familia, de la parroquia, de la escuela o de los movimientos eclesiales; tiene en cuenta la actual situación de secularización y da prioridad al testimonio evangelizador; ofrece un planteamiento catecumenal de la iniciación cristiana con un programa que mira al itinerario completo para llegar a ser cristianos y no a la sola recepción de un sacramento; y, algo muy importante, no suplanta el catecismo oficial de la Conferencia Episcopal Española "Jesús es el Señor", sino que remite a su enseñanza ayudando a poner en ejercicio las cuatro dimensiones que deben estar siempre presentes en la catequesis (confesión de la fe, celebración, compromiso y oración).

Por todo ello, felicito de corazón a los autores don Pedro de la Herrán y don José Antonio Abad, veteranos expertos en las tareas catequéticas, y a los demás miembros del equipo de redacción.

+ José Rico Pavés
Obispo de Jerez de la Frontera.
Presidente de la Comisión Episcopal para la Evangelización,
la Catequesis y el Catecumenado de la CEE.

Índice

Índice de los cuatro niveles "Catequesis de Orientación Catecumenal" Niños   4

Proyecto "Catequesis de Orientación Catecumenal"   6

Encuentro 1   **¡Dios creó el mundo de la nada!**   10

Encuentro 2   **Adán y Eva.** *Tentación, pecado y promesa de un Salvador*   16

Encuentro 3   **El arcángel Gabriel.** *Anuncia a María la venida del Salvador*   22

Encuentro 4   **La Virgen María.** *La mujer que Dios hizo Madre suya*   28

Encuentro 5   **José, de la casa de David.** *El elegido por Dios para cuidar de su Hijo y de su madre*   34

Encuentro 6   **Herodes.** *El perseguidor del Rey de Israel, que hizo de Jesús el primer emigrante cristiano*   40

Encuentro 7   **El amigo de infancia de Jesús.** *Y que narra su vida oculta*   46

Encuentro 8   **Jesús, el Salvador.** *Nacido en Belén de Judá*   52

Encuentro 9   **Juan Bautista.** *Bautizó a Jesús, escucha al Padre y ve descender al Espíritu Santo*   58

Encuentro 10   **Las bodas de Caná.** *Testigos del milagro por la intercesión de María*   64

Encuentro 11   **El paralítico de Cafarnaún.** *Y Él perdonó sus pecados y le curó*   70

Encuentro 12   **El vecino de Betsaida.** *Escuchó a Jesús el Sermón de la montaña*   76

El proyecto "Catequesis de Orientación Catecumenal": orientaciones para los catequistas   82

Oraciones   89

Misal   92

Cómo hacer una buena confesión   98

NIVEL 1

Este nivel es una síntesis muy elemental del Símbolo de la Fe o Credo.

1	El mundo que ha hecho Dios (por Amor)	*Compendio del CEE nn. 51-59*
2	Dios me ha regalado la vida (por Amor)	*Compendio del CEE nn. 66-72*
3	Los hombres se alejaron de Dios (el pecado original)	*Compendio del CEE nn. 73-78*
4	Y María dijo "sí" a Dios (el Avemaría)	*Compendio del CEE nn. 85-100*
5	Jesús nace en Belén (la Navidad)	*Compendio del CEE nn. 81-87*
6	Jesús Niño en Nazaret (la Sagrada Familia)	*Compendio del CEE nn. 103-104*
7	El Bautismo de Jesús (la Buena Noticia)	*Compendio del CEE nn. 105-108*
8	Jesús nos enseña a rezar (el Padrenuestro)	*Compendio del CEE nn. 578-586*
9	Jesús nos enseña a amar (y a compartir)	*Compendio del CEE nn. 386-388*
10	Jesús se queda con nosotros (presencia real)	*Compendio del CEE nn. 120*
11	Muerte y Resurrección de Jesús (el Día del Señor)	*Compendio del CEE nn. 118-131*
12	La Ascensión y el Espíritu Santo (y venida del Espíritu Santo)	*Compendio del CEE nn. 132 y 136*

NIVEL 2

PRIMERA PARTE DEL CREDO APOSTÓLICO: *"Creo en Dios, Padre todopoderoso... Creo en Jesucristo, su único Hijo...; nació de Santa María Virgen"*, con algunos complementos.

1	**Dios, creador del mundo y del hombre**	*Compendio del CEE, nn. 50-59*
2	**Adán y Eva.** *Tentación, pecado y promesa de un Salvador*	*Compendio nn. 66, 67, 70-78*
3	**El arcángel Gabriel.** *Anuncia a María la venida del Salvador*	*Compendio nn. 81, 85, 86*
4	**La Virgen María.** *La mujer que Dios hizo Madre suya*	*Compendio nn. 94-100*
5	**José, de la casa de David.** *El elegido por Dios para cuidar de su Hijo y de su madre*	*Compendio nn. 98, 104*
6	**Jesús, el Salvador.** *Nacido en Belén de Judá*	*Compendio nn. 82, 83, 85*
7	**Herodes.** *El perseguidor del Rey de Israel, que hizo de Jesús el primer emigrante cristiano*	*Compendio nn. 103*
8	**El amigo de infancia de Jesús.** *Y que narra su vida oculta*	*Compendio nn. 104*
9	**Juan Bautista.** *Bautizó a Jesús, escucha la voz del Padre y ve descender sobre Él al Espíritu Santo*	*Compendio nn. 105*
10	**Los novios de Caná.** *Testigos del milagro por la intercesión de María*	*Compendio nn. 337, 338*
11	**Llevan un paralítico a Jesús.** *Y Él perdonó sus pecados y le curó*	*Compendio nn. 297, 298, 303-306*
12	**El vecino de Betsaida.** *Escuchó a Jesús el Sermón de la montaña*	*Compendio nn. 358-362, 428, 578. 579*

NIVEL 3

SEGUNDA PARTE DEL CREDO APOSTÓLICO: *"Padeció bajo el poder de Poncio Pilato, fue crucificado, muerto y sepultado"*, con algunos complementos.

1. **Marcos, el evangelista.** *Introducción a los cuatro evangelios* — *Compendio nn. 18, 22*
2. **Judá, el escriba.** *Quién es mi prójimo (parábola del Buen Samaritano)* — *Compendio nn. 414, 434, 436*
3. **El borrico de Jesús.** *Entrada de Jesús en Jerusalén aclamado como Mesías* — *Compendio nn. 82, 108, 111*
4. **Mateo, el apóstol.** *Última Cena e institución de la Eucaristía* — *Compendio nn. 271 y ss.*
5. **Judas, el traidor.** *El peligro de la codicia y de las infidelidades* — *Compendio nn. 391 y ss.*
6. **Simón Pedro.** *Un largo y sinuoso itinerario hacia la fe y al primado de la Iglesia* — *Compendio nn. 179-185*
7. **Poncio Pilato.** *Traiciona la Verdad por miedo a complicarse la vida* — *Compendio nn. 521 y ss.*
8. **Simón Cireneo.** *Llevar por amor la cruz de Jesús tiene siempre buenas consecuencias* — *Compendio nn. 122, 123*
9. **Dimas, el buen Ladrón.** *"Fue crucificado". Siempre es tiempo de misericordia y de conversión* — *Compendio nn. 119*
10. **San Juan Apóstol.** *Jesús le entrega a María como su Madre y de todos los discípulos* — *Compendio nn. 196 y ss.*
11. **Centurión Romano.** *Asiste a la crucifixión y certifica oficialmente la muerte de Jesús* — *Compendio nn. 122*
12. **José de Arimatea.** *Pidió a Pilato el cuerpo de Jesús para darle santa sepultura* — *Compendio nn. 124*

NIVEL 4

ÚLTIMA PARTE DEL CREDO APOSTÓLICO: Desde *"al tercer día resucitó de entre los muertos"* hasta *"y en la vida eterna"*. Sacramentos y moral cristiana.

1. **María Magdalena.** *Una mujer que resulta ser la primera apóstola de la Resurrección* — *Compendio nn. 127-131*
2. **Cleofás.** *Un discípulo que huía recuperado por la Palabra y la Eucaristía* — *Compendio nn. 271-294*
3. **Tomás, el incrédulo creyente.** *La resurrección, hecho histórico que se acepta por la fe* — *Compendio nn. 126-131*
4. **Andrés.** *Testigo de la última aparición de Jesús en Galilea. Entrega del Primado a Pedro* — *Compendio nn. 153, 175, 182*
5. **Bartolomé.** *Uno de los testigos de la Ascensión y de Pentecostés* — *Compendio nn. 132, 144, 145, 1466*
6. **Santiago.** *La vida de los primeros cristianos: "eran un solo corazón y una sola alma"* — *Compendio nn. 188-191*
7. **Nicodemo.** *Jesús le había revelado la fuerza transformadora del Bautismo* — *Compendio nn. 252-264*
8. **Felipe en Samaría.** *Bautismo del etíope. La Confirmación* — *Compendio nn. 265-270*
9. **Pablo.** *Converso y apóstol de los gentiles* — *Compendio nn. 150, 172-174*
10. **La Iglesia.** *Cuerpo y esposa de Cristo. ("Creo en la Iglesia")* — *Compendio nn. 147-168*
11. **Timoteo.** *El Orden sacerdotal* — *Compendio nn. 322-336*
12. **Un bautizado perdonado.** *Vida cristiana y Penitencia ("Creo… en el perdón de los pecados")* — *Compendio nn. 200-201, 295-312*
13. **Estéfanas, discípulo de Pablo.** *"Creo… en la resurrección de la carne"* — *Compendio nn. 202-206*
14. **Cristo, Alfa y Omega.** *"Creo… en la vida eterna" (Juicio final y retribución: cielo e infierno)* — *Compendio nn. 112, 207-216*

PROYECTO "CATEQUESIS DE ORIENTACIÓN CATECUMENAL" NIÑOS

Justificación del proyecto

El presente subsidio parte de un dato de experiencia. Muchos niños de 6-14 años no han recibido el Bautismo y no tienen la fe teologal; otros muchos, que sí están bautizados, cuando piden completar su iniciación cristiana con la Confirmación y primera Eucaristía, presentan un estado de cosas muy similar a los no bautizados en cuanto a la vivencia de la fe.

Dada la secularización creciente del medio ambiente y otras circunstancias, sobre todo de tipo familiar, parece que este estado de cosas se afianzará en los próximos años. Por esto es importante dar paso a procesos catequético-pastorales que sean respuesta a esta situación y preparar materiales de *tipo catecumenal* para los que piden el bautismo en esa edad de

6-14 años y de *orientación catecumenal* para los que los que, a esa misma edad, completan su iniciación con una vivencia muy baja de la fe.

El presente subsidio trata de ser una modesta contribución a esta nueva realidad.

A quiénes va destinado

Esto explica que sus destinatarios sean los *niños no bautizados* en su infancia que piden el bautismo durante el período escolar: de 6-14 años, y los que, *bautizados al poco de nacer y piden la Primera Eucaristía y Confirmación hacia los 6-10*, presentan un nivel muy bajo en la vivencia de la fe. Es decir, los catecúmenos en sentido estricto y los que se pueden considerar *cuasicatecúmenos*, como les califica el nuevo Directorio para la Catequesis (Cf. nº 61).

«*El catecumenado también puede inspirar la catequesis de aquellos que, a pesar de haber ya recibido el don de la gracia bautismal, no disfrutan efectivamente de su riqueza. Estas personas pueden ser llamadas cuasi catecúmenos: cf. CT 44*»

Nuevo Directorio para la Catequesis, n. 61.
23 de marzo de 2020

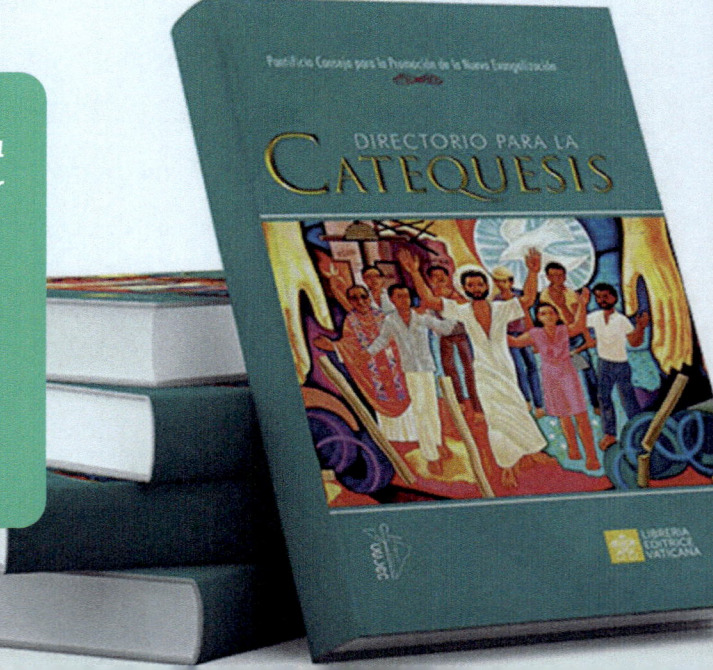

Aunque en las diócesis van surgiendo pequeños grupos de niños catecúmenos, todavía el número que los integra es pequeño. En cambio, aún es numeroso el de los *cuasicatecúmenos*. Por ello, será muy frecuente que los *catecúmenos* se integren en un grupo de *cuasicatecúmenos* de su misma edad y formen un grupo mixto. Por ello, los destinatarios del presente subsidio son estos *tres grupos*:

1° **Niños en edad escolar que son propiamente catecúmenos** que realizan su proceso en un grupo homogéneo o mixto;

2° **Niños de edad escolar** que piden completar su iniciación cristiana entre 7/8-10 años y tienen un **nivel de fe práctica muy pequeño o nulo**; y

3° También pueden ser útiles estos subsidios a **padres de familia** que deciden usar "de modo autónomo" estos libros en su hogar para hacer **Catequesis Familiar** y así transmitir la fe a sus hijos de estas edades (7 a 10 años). En estos casos convendrá que esos padres de familia actúen de acuerdo con la parroquia, el colegio o el movimiento.

Objetivo fundamental

Según esto, el objetivo básico y fundamental que se pretende no puede ser otro que el de suscitar o potenciar la fe. Eso explica que la *Palabra de Dios* sea el elemento que condiciona, aglutina y estructura todos los contenidos. Porque la fe llega por el anuncio de esa Palabra.

En consecuencia, no está pautado para trasmitir saberes y conocimientos sino para provocar o potenciar la fe. Como es lógico, no se obvian los saberes, porque una fe sin contenidos sería pura ficción. Sólo se quiere decir que la Palabra de Dios ocupa el puesto central y es el manantial del que fluye todo lo demás.

Cuáles son sus contenidos

El presente subsidio está estructurado según el *Credo Apostólico*. Por eso, parte de Dios Creador y de la promesa del Redentor, pasa luego a Jesucristo y concluye con la

Iglesia y la vuelta definitiva del Señor. Sin embargo, no es una explicación escolar de cada uno de los artículos del Credo. Al contrario, dichos artículos van apareciendo al hilo de la historia de la salvación, tal como la presenta la Sagrada Escritura.

Por eso, todo él gira en torno a **Jesucristo**. Porque a él se refiere todo el Antiguo Testamento, de él habla el Nuevo y a él prolonga la Iglesia, cuyo camino se sitúa entre Pentecostés y la venida definitiva del Señor.

Ahora bien, como se trata de un subsidio de orientación catecumenal, la fe es presentada en su globalidad. Es decir, como realidad *profesada, celebrada, practicada y rezada*. De ahí que contenga muchas referencias a la liturgia, a la vivencia y a la oración. Sin olvidar algunos **signos** fundamentales del cristiano, como la señal de la cruz y otros.

Todo este bagaje aparece a lo largo de cuatro años, a los que corresponden lo que hemos catalogado como nivel 1, nivel 2, nivel 3 y nivel 4.

El Nivel 1 tiene un carácter inicial y ofrece a los niños de unos 7 años una síntesis muy elemental, pero necesaria, de la Historia de la Salvación.

El *nivel* 2 se extiende desde "Creo en Dios, Padre todopoderoso, Creador del cielo y de la tierra" hasta "Creo en Jesucristo… que nació de Santa María Virgen", a lo cual se añade la vida oculta de Jesús y el comienzo de su ministerio público.

El *nivel* 3 comprende fundamentalmente desde "padeció bajo el poder de Poncio Pilato" hasta "muerto y sepultado", ampliado con la entrada de Jesús en Jerusalén y la institución de la Eucaristía en la última Cena, con el fin de crear el marco de la pasión-muerte-sepultura del Señor.

El *nivel* 4 comprende desde "al tercer día resucitó entre los muertos", pasando por las apariciones del Señor resucitado, su Ascensión, Pentecostés y los comienzos de la Iglesia, hasta la "resurrección de la carne y la vida eterna".

En estas catequesis no se suplanta al catecismo oficial de la Conferencia Episcopal Española "Jesús es el Señor", *sino que se remite con frecuencia a su enseñanza ayudando a poner en ejercicio las cuatro dimensiones de la catequesis: confesión de la fe, celebración, compromiso y oración.*

¿Sirven estas catequesis para preparar la Primera Confesión y la Primera Comunión? Por supuesto. Los cuatro libros de la serie "Niños" ofrecen un programa que mira al itinerario completo para llegar a ser cristiano y remiten a las enseñanzas del Catecismo oficial "Jesús es el Señor".

Además, para facilitar la preparación próxima a los Sacramentos de la Penitencia y de la Eucaristía, **en la web www.edicionesdya.com habrá un apartado dedicado a la preparación próxima de esos Sacramentos.**

La pedagogía

Los cuatro niveles siguen la misma metodología. Ésta se articula en torno a *cuatro puntos: la narración de historias, la pedagogía activa, los medios audiovisuales y la participación de los padres.*

La niñez se adapta mejor a la *narración de historias* que al discurso. Por este motivo, la doctrina se ha encarnado en *personajes,* los cuales van narrando en primera persona

los contenidos. Por ejemplo, el burrito de Betfagé va contando al niño la entrada de Jesús en Jerusalén y el Centurión romano el camino de Jesús a la cruz, su crucifixión y su muerte.

La pedagogía *activa* es exigida por el dinamismo propio de la niñez. Un niño tiene que sentirse parte de lo que se le va diciendo, con preguntas, respuestas, intervenciones de diverso tipo. Por eso, todos los temas conceden un lugar importante a la actuación del niño.

El uso de *medios audiovisuales* es hoy imprescindible y facilita, si se usa con una justa medida, el interés, la atención y la comprensión. Todos los temas conceden un espacio a estos medios.

Finalmente, el niño forma parte de un *entorno familiar* del cual no se le puede ni se le debe aislar. Ciertamente la familia se encuentra hoy, con mucha frecuencia, en situaciones conflictivas, debido a múltiples factores. A pesar de todo, el niño sigue conectado existencialmente con su familia. Por ello, el presente subsidio ofrece un apartado familiar específico que él y sus padres –o uno de ellos–, deberían realizar conjuntamente.

¡DIOS CREÓ EL MUNDO DE LA NADA!

link*

"La Creación del mundo"
© Editorial Casals

OBJETIVO: Descubrir que el mundo ha sido creado por Dios y nos habla de su amor, sabiduría, poder...
CATECISMO "Jesus es el Señor", tema 4.

el personaje

En el vientre de una mamá había dos bebés. Uno preguntó al otro:

–¿Tú crees en la vida después del parto?

–Claro que sí –respondió–. Tiene que haber algo después del parto.

–Tonterías –replica el primero–. No hay vida después del parto. ¿Qué clase de vida sería esa?

–No lo sé, pero habrá más luz que aquí. Tal vez podremos caminar con nuestras propias piernas y comer con nuestra boca. Estoy seguro de que vamos a encontrarnos con Mamá y ella nos cuidará.

–¿Mamá? ¿Tú realmente crees en Mamá? Eso es ridículo. Si Mamá existe, ¿dónde está ahora?

–Ella está alrededor nuestro. Estamos cercados por ella. Gracias a ella, nosotros vivimos y existimos.

–Bueno, pero no la vemos; luego es lógico pensar que no existe.

–A veces, cuando estás en silencio si te concentras y realmente escuchas, se puede percibir su presencia y escuchar su voz amorosa.

San Pablo dijo en Atenas: "Dios no está lejos de nosotros, ya que en Él vivimos, nos movemos y existimos" (Hechos 17, 27-28).

¿Cómo relacionarías el diálogo de los dos bebés con la frase de San Pablo?

*Para abrir el enlace, activa la cámara de tu móvil y apunta hacia el código QR.
Dependiendo del móvil, puede que sea necesario descargar una App para leer códigos QR.

¿Cómo creó Dios el Mundo?

La Biblia nos enseña que **al principio no existía NADA**, solo DIOS. Y Dios decidió crear el mundo.

Y dijo Dios: **"Hágase la luz"**. Y hubo día y noche. Fue el **primer día** de la creación.

Después **Dios creó el cielo, los mares, los árboles y las flores**. Así pasaron los **días segundo y tercero**.

El **cuarto día** Dios **creó el sol, la luna y las estrellas**.

El **quinto, los peces y los pájaros** del cielo.

Y el **sexto**, todos los demás **animales** y, por fin, **creó al hombre y a al mujer**.

El **día séptimo** Dios **descansó**. Y vio que todo lo que había creado **era muy bueno**.

Actividades

Dialogamos:

¿Qué animales identificas debajo de Dios?

¿Qué cosa de la Creación es la que más te gusta a ti? ¿Y a ti? ¿Y a ti? ¿Y a ti?

¿Quién hizo el sol? ¿Y la luna? ¿Y las estrellas? ¿Y las flores? ¿Y el Cielo? ¿Y a tus papás? ¿Y a ti?

Palabra —de— Dios

Leemos este texto y pensamos lo que quiere decir:

"No son sensatos los hombres que al contemplar las maravillas de la Creación son incapaces de conocer a su **Creador**" (Sabiduría 13, 1 y ss.).

El sol, la luna, las estrellas, el mar, las montañas, los bosques, las flores... son como un **espejo** en el que DIOS se refleja; o como un *libro* que nos habla de Él.

Actividades

✏️ **Dibuja** algo de la Creación que te ayuda a pensar en Dios:

el signo

La Biblia dice: "Sol y luna, bendecid al Señor; montes y collados, bendecid al Señor" (Daniel 3).

Dialogamos

¿Qué representa el dibujo?
¿Quién hizo el sol?
¿Para qué sirve el sol?
¿Qué pasaría si el sol se enfriase mucho?
¿Y si se calentara mucho más que ahora?

Rezamos juntos

¡**Gracias**, Señor, por el **sol** que nos has dado, que nos da **luz** y **calor** y nos ayuda a **vivir**!

Aprendemos los números 1, 3, 4, 6 y 15 del Catecismo "Jesús es el Señor"

Alabamos a Dios recitando este cántico

Recitar formando dos coros

Sol y luna,	bendecid al Señor.
Estrellas del cielo,	bendecid al Señor.
Fuego y el calor,	bendecid al Señor.
Frío y calor,	bendecid al Señor.
Rocíos y escarchas,	bendecid al Señor.
Hielos y nieves,	bendecid al Señor.
Luz y tinieblas,	bendecid al Señor.
Montes y collados,	bendecid al Señor.
Mares y ríos,	bendecid al Señor.
Ballenas y peces,	bendecid al Señor.
Todos los animales,	bendecid al Señor.
Almas de los justos,	bendecid al Señor.
Santos y humildes de corazón,	bendecid al Señor.

Bendigamos al Padre y al Hijo con el Espíritu Santo;
Alabémosle y ensalcémosle para siempre. Amén.

(Resumen *Libro de Daniel, 3*)

link

🎵 **"Qué bonito es"**
Canal YouTube "Laudato Si Kids"

Estas actividades son para hacer conjuntamente los padres (o uno de ellos) con el hijo o la hija. No es difícil encontrar unos minutos para ayudarles en su formación cristiana.

Catequesis familiar

link

▶ **"Dios, el artista anónimo"**
Canal YouTube "Catequizis"

Ved en familia este vídeo y luego comentáis por qué Dios es "el artista anónimo".

link

♫ **"Bendecid al Señor"**
© Editorial Casals

Escuchamos la canción. Luego la podemos cantar en familia haciendo karaoke.

¿Verdadero o falso?

Dios creó al hombre en el primer día de la Creación.

VERDADERO ⬤   ⬤ FALSO

El cuarto día Dios creó el sol, la luna y las estrellas.

VERDADERO ⬤   ⬤ FALSO

Dios crea y el hombre fabrica.

VERDADERO ⬤   ⬤ FALSO

El séptimo día Dios descansó.

VERDADERO ⬤   ⬤ FALSO

Y vio Dios que todas las cosas creadas eran muy buenas.

VERDADERO ⬤   ⬤ FALSO

Dios ha creado el mundo para el bien del hombre y de la mujer.

VERDADERO ⬤   ⬤ FALSO

Leemos la página 12 de este encuentro y pensamos un poco:

¿Por qué no son sensatos los hombre o las mujeres que dicen que Dios no existe?

¿Por qué se dice que el Sol, las estrellas, o las flores son como un "espejo" en el que Dios se refleja?

ADÁN Y EVA

link

▶ "Jesús Salvador"
© Editorial Casals

OBJETIVO: Saber que Adán y Eva cometieron un gravísimo pecado y el Cielo se cerró para ellos y sus descendientes.

CATECISMO "Jesus es el Señor", temas 4 y 5.

Yo soy EVA. Recuerdo cuando estuvimos Adán y yo en el Paraíso. Todo "era muy bueno": las flores, los ríos, los animales... Por eso, Adán y yo nos sentíamos muy felices por la vida que Dios nos había regalado y por los demás dones recibidos. Éramos allí –por regalo de Dios– los dueños y señores. Y para colmo de felicidad, gozábamos de la amistad con Dios, pues solo nosotros podíamos conocerle y amarle.

Por todo eso nos sentíamos muy felices. Dios nos había prohibido solo una cosa: comer del fruto del Árbol del conocimiento del Bien y del Mal.

Todo iba muy bien hasta que un día sucedió algo que jamás podré olvidar. La BIBLIA lo cuenta muy bien y yo os lo voy a resumir.

el personaje

¿De quién habían recibido la vida Adán Y Eva?

¿Qué otros bienes habían recibido de Dios?

¿Qué sentimientos deberían tener hacia Dios?

El demonio tienta a Eva

Un día la **serpiente** me hizo una pregunta que tenía **trampa**: *"¿Es verdad que Dios os ha prohibido comer de todos los árboles del jardín?"* Como no era así, le contesté que Dios sólo nos había prohibido comer de un árbol que estaba en el centro del jardín, porque si lo hacíamos, moriríamos.

La serpiente me dijo que Dios no quería que comiéramos del fruto de ese árbol porque si lo comíamos seríamos **iguales a Dios**. Yo debí fiarme más de Dios, pero me fie más del demonio. Por eso **comí** de aquel fruto. Y, además, **convencí a Adán** para que él también lo comiera.

Desde ese momento la **tristeza** llenó nuestro corazón al darnos cuenta de que habíamos **desobedecido a Dios**. Es más, que le habíamos traicionado.

¿Verdadero o falso?

La serpiente tentó primero a Eva. VERDADERO ☐ FALSO ☐

Dios les había prohibido comer de todos los árboles del paraíso. VERDADERO ☐ FALSO ☐

Se fiaron más del demonio que de Dios. VERDADERO ☐ FALSO ☐

Adán y Eva quisieron ser como Dios. VERDADERO ☐ FALSO ☐

Las consecuencias de aquel pecado

¡Fuera del Paraíso!

Adán y Eva cometieron un gravísimo pecado y cerraron el Cielo para ellos y para sus descendientes. Ese primer pecado se llama "pecado original" porque es el pecado que se cometió en el origen de la humanidad y está en el origen de todos los demás pecados.

Lo mismo que los frutos de un manzano proceden de una sola semilla, así también, todos los seres humanos procedemos de Adán y Eva. Ellos son nuestros "primeros padres".

Desde aquel primer pecado hay guerras, peleas, robos, mentiras... Pero no todo es malo: Dios nos ha hecho libres y podemos luchar por hacer el bien. Además, Dios nos prometió enviarnos el remedio contra todos los pecados del mundo: Jesús nuestro Salvador.

Actividades

Lee y une con flechas:

Adán y Eva desobedecieron a...

El pecado original lo cometieron...

Todos los seres humanos nacemos con el...

El pecado original se quita con el...

BAUTISMO

DIOS

ADÁN Y EVA

PECADO ORIGINAL

Una casa arruinada

Cuando una persona se arruina, esa ruina la sufren sus herederos. Adán y Eva arruinaron su vida y causaron la ruina de sus descendientes.

Dios pudo haberlos dejado abandonados para siempre. Pero actuó como un buen Padre: les dijo que habían obrado mal y que recibirían un justo castigo; pero que les enviaría un Salvador.

Promesa de un Salvador

Dios prometió enviar un Salvador y para anunciarlo, después del primer pecado, Dios dijo a la serpiente: "Pondré enemistad entre ti y la mujer, entre tu descendencia y la suya; ella te aplastará la cabeza, mientras tú le herirás en el talón". *(Genesis 3, 15)*

Actividades

¿Quién es esa mujer?

¿Quién es su principal enemigo?

¿Cuál será el fin del combate?

¿Quién será el vencedor?

Aprendemos los números 17, 19, 20, 21, 22 y 23 del Catecismo "Jesús es el Señor"

Celebramos la promesa del Salvador

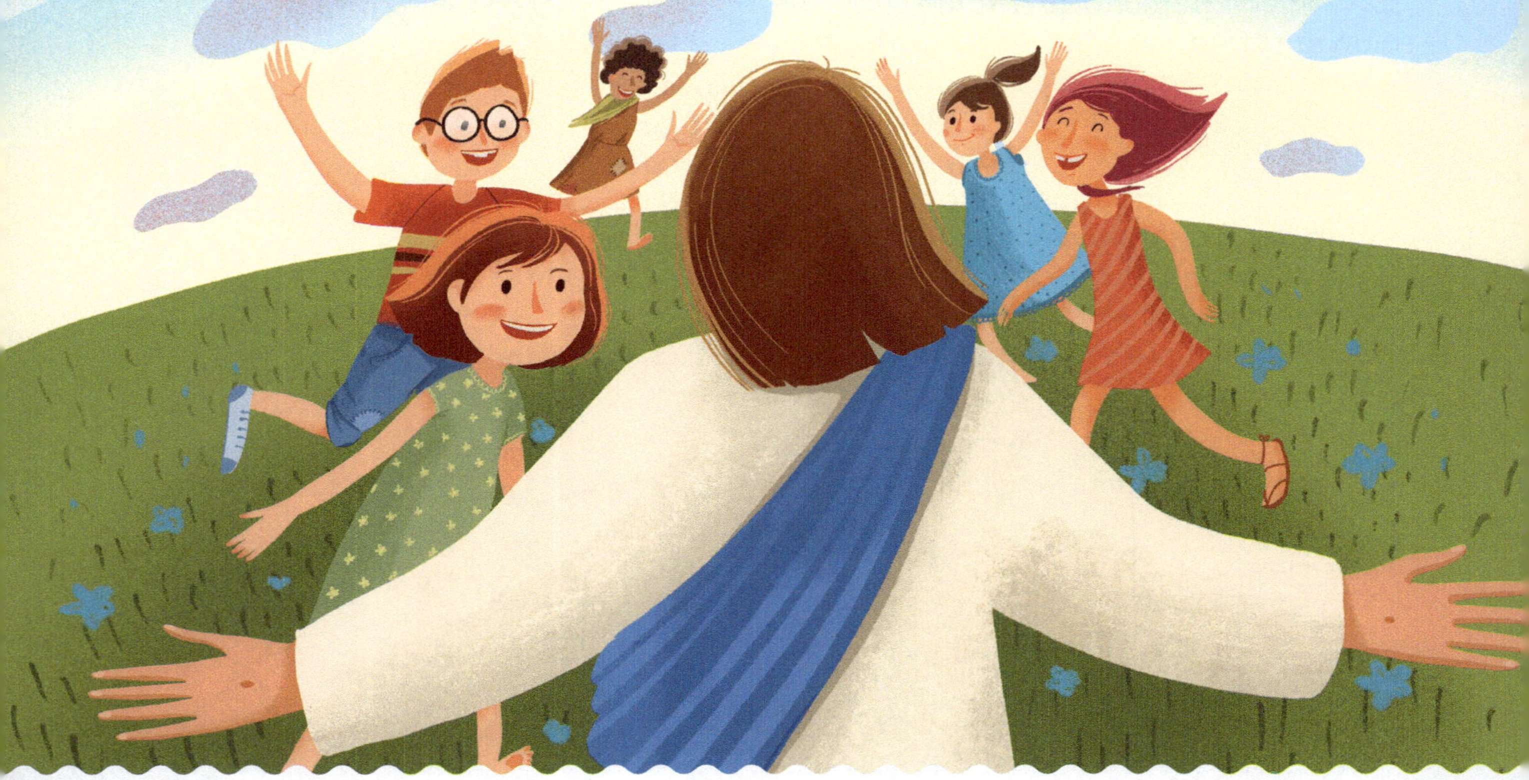

¡Dios nos ha prometido un Salvador y eso hay que celebrarlo!

Rezamos juntos el Salmo 113 para alabar al Señor.

*Alabad, niños al Señor, alabad el nombre del Señor.
Bendito sea el nombre del Señor, ahora y por siempre:*

*De la salida del sol hasta su ocaso, alabado sea el nombre del Señor.
El Señor se eleva sobre todos los pueblos, su gloria sobre los cielos.*

*¿Quién como el Señor, Dios nuestro, que habita en las alturas
y se abaja para mirar al cielo y a la tierra?*

*Levanta del polvo al desvalido, alza de la basura al pobre,
para sentarlo con los príncipes, los príncipes de su pueblo.*

Canción: "Alabaré al Señor"
© *Editorial Casals*

link

Catequesis familiar

link

▶ "Jesús Salvador"
© Editorial Casals

Ved en familia este vídeo y luego comentáis:
¿Por qué Dios quiso enviar a su Hijo a la tierra?

link

🎵 "Alabo tu bondad"
© Editorial Casals

Escuchamos la canción. Luego la podemos cantar en familia haciendo karaoke.

link

Un cuento

Escuchamos el cuento:
"El tesoro perdido"
© Editorial Casals

¿Qué conclusiones podemos sacar de este cuento?

Escribe al menos una:

¿Verdadero o falso?

Leemos la página 19 del libro y respondemos:

Adán y Eva desobedecieron a Dios.

VERDADERO ⬜   ⬜ FALSO

Y siguieron viviendo con Dios en el Paraíso.

VERDADERO ⬜   ⬜ FALSO

Pero Dios seguía amando a los hombre.

VERDADERO ⬜   ⬜ FALSO

Dios no estaba dispuesto a perdonarnos.

VERDADERO ⬜   ⬜ FALSO

Para salvarnos nos envió a su Hijo, Jesús.

VERDADERO ⬜   ⬜ FALSO

EL ARCÁNGEL SAN GABRIEL

link

▶ "El anuncio a María"
© Editorial Casals

OBJETIVO: Comprender que el Hijo de Dios se ha hecho verdadero hombre para salvarnos del pecado.
CATECISMO "Jesus es el Señor", temas 6 y 7.

Al principio de la historia de la humanidad, nuestros primeros padres Adán y Eva, usaron mal su libertad y desobedecieron a DIOS. Cometieron un gravísimo **pecado** y cerraron el Cielo para ellos y sus hijos.

Pero como Dios es un Padre que nos ama con locura, prometió que enviaría a la tierra un **Salvador**. Y aquí aparezco yo, GABRIEL: Dios Padre me llamó y me explicó su plan: enviaría a la tierra a su Hijo queridísimo, eterno y todopoderoso, para hacerse Hombre y ser el Salvador de todos los seres humanos.

Me dijo Dios que yo iba a ser su embajador para llevar su mensaje a una joven llamada MARÍA.

el personaje

Dialogamos

¿A quién va a enviar Dios a la tierra para salvar a los hombres de sus pecados?
¿A quién escogió Dios para que fuera la Madre de su Hijo hecho Hombre?

El anuncio a la Virgen María

Vine del Cielo hasta la casita donde vivía la Virgen María. La observé por una ventana y quedé maravillado: María era muy joven y era la más hermosa de todas las criaturas de la tierra. Dios la había preparado adornándola con todos los dones y gracias.

Entré en la casita de María, que estaba recogida en oración, y la saludé con estas palabras: "Alégrate, llena de gracia, el Señor está contigo".

Después, ante el asombro de María, yo le transmití el mensaje tal cual Dios me lo había explicado. María, se lo pensó un poco, y respondió con estas palabras: "He aquí la esclava del Señor, hágase en mi según tu palabra". Y en ese mismo instante el Hijo de Dios se hizo Hombre en el seno de María.

Yo despedí a la Virgen y volví al Cielo lleno de alegría para anunciar a todos la gran Noticia.

Actividades

¿Qué significan estas palabras?

Algunas de las palabras que hemos leído no son fáciles de entender. Vamos a pensar y a comentar un poco lo que significan:

Llena de gracia   La Esclava del Señor

El Salvador

María visita a su prima Isabel

Aún le di otro mensaje a María, y es que **su prima Isabel también esperaba un bebé**. Isabel era ya viejecita y María pensó que podría necesitar ayuda. Así que hizo una pequeña maleta y se puso en camino hacia el pueblo de Isabel.

Cuando María entró en el patio de la casa, Isabel la vio y se emocionó muchísimo. Se dieron un gran abrazo. Isabel se llevó la mano a su vientre y le contó que **su bebé había saltado de gozo al oír el saludo**. Y es que Dios le hizo saber al niño Juan que el Niño que yo llevaba en las entrañas era el Mesías, el Hijo de Dios. Entonces María alabó a Dios, porque se fija en los humildes que le quieren servir, diciendo:

"Proclama mi alma la grandeza del Señor, se alegra mi espíritu en Dios, mi Salvador; porque ha mirado la humildad de su esclava".

Actividades

Piensa y contesta:

¿Cómo supo María que Isabel iba a tener un hijo?

¿Porqué se emocionó Isabel al ver a María?

María alabó a Dios porque se había fijado en...

◯ Su vestido   ◯ Su humildad   ◯ Su peinado

El Avemaría

El Avemaría es una oración que rezan los católicos del mundo entero y que está compuesta de tres frases:

La primera
son las palabras que dijo el Arcángel Gabriel a la Virgen María cuando **la saludó.**

La segunda
son las palabras que dijo **Isabel a María** cuando se encontraron.

La tercera y última
son las palabras que añadió la **Iglesia.**

Hoy vamos a aprender a rezar y a cantar muy bien la oración del AVEMARÍA:

 **Oraciones: "Avemaría (recitada y cantada)"**
© Editorial Casals

link

Actividades

Completa las palabras que faltan y luego la rezamos juntos:

Dios te _____, María,
llena eres de _____ ;
el _____ es contigo.
Bendita Tú _____
entre todas las _____ ,
y _____ es el _____
de tu vientre, _____ .

Santa _____ ,
Madre de _____ ,
ruega por _____ ,
pecadores, ahora
y en la _____
de nuestra _____ .
Amén.

Aprendemos los números 24, 25 y 26 del Catecismo "Jesús es el Señor"

¡Celebramos!

El tiempo de Adviento

Cada año los cristianos nos preparamos para la venida del Señor durante el *tiempo de Adviento*. Son las cuatro semanas anteriores a la Navidad durante las que los cristianos de todo el mundo nos preparamos para la venida del Salvador.

La Corona de Adviento
¿Sabes lo que significa la corona?

Obsérvala bien: ¿De qué cosas se compone?
Tiene **musgo, cuatro velas**...

¿Sabes qué significa la corona?
Significa que **Jesús es la Luz del mundo**
y viene para encender su Luz en nuestros **corazones**.

Las cuatro velas representan los **cuatro domingos** de Adviento.
Cada domingo se **enciende** una nueva vela,
porque Jesús está un poco más cerca.

Pero lo más importante es que **prepares tu corazón**
amando más a Jesús y a los demás.

Estas actividades son para hacer conjuntamente los padres (o uno de ellos) con el hijo o la hija. No es difícil encontrar unos minutos para ayudarles en su formación cristiana.

Catequesis familiar

link

▶ "El anuncio a María"
© Editorial Casals

Ved en familia este vídeo y luego comentáis:
¿Por qué Dios quiso venir al mundo y eligió para ello a María?

link

🎵 "La Virgen sueña caminos"
© Editorial Casals

Escuchamos la canción. Luego la podemos cantar en familia haciendo karaoke.

Para pensar

Lee el texto de la página 23 con tus padres y explícales cómo has contestado a la actividad de la parte inferior.

link

Un cuento

Escuchamos el cuento:
'El más bello de los recuerdos'
© Editorial Casals

¿Qué conclusiones podemos sacar de este cuento?

Escribe al menos una:

Heading

MARÍA, LA MADRE DE JESÚS

"La Virgen María"
© Editorial Casals

OBJETIVO: Que los niños descubran que María es verdadera Madre de Jesús, o sea es la Madre de Dios.
CATECISMO "Jesus es el Señor", temas 8 y 9.

Me llamo María y soy la madre de Jesús, y como Jesús es Dios, pues... ¡soy la Madre de Dios!

Yo vivía en Nazaret una vida muy sencilla. Me dedicada a los quehaceres de la casa, ayudaba a mis vecinos... Rezaba, y sabía que Dios me miraba con mucho amor.

Un día, el ángel Gabriel me dijo que iba a tener un Niño que sería el Hijo de Dios hecho hombre. Yo estaba prometida a un joven llamado José y no entendí cómo podía ser yo madre antes de la boda, pero Gabriel me lo explicó muy bien: el Niño no sería de José, sino obra del Espíritu Santo.

Le dije al ángel que yo soy la esclava del Señor y que haría en todo Su voluntad.

el personaje

¡Descifra el código y descubre este mensaje que hace muy feliz a María!

MARÍA ES LA...

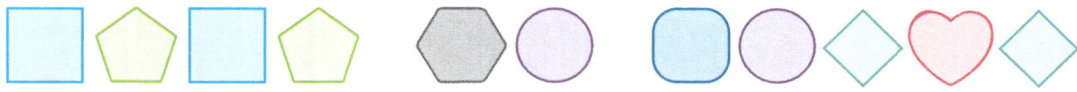

E J U A M S D

Jesús nace en Belén

Un día llegó a Nazaret un emisario de Roma. El emperador romano había ordenado que todos los habitantes de Judea fuéramos a nuestro lugar de origen para empadronarnos.

Como José era originario de Belén **nos pusimos en camino** hacia ese pueblo. Al llegar a Belén el pueblo estaba lleno de gente y **no había sitio en la posada**. José llamó a muchas puertas, pero en ninguna nos acogieron. Por fin, nos pudimos instalar en un **establo**.

Era un lugar donde se guardaban animales, pero no había otra cosa. José estaba muy preocupado, pues el Niño estaba a punto de nacer.

Y entonces ocurrió: **nació el Niño Jesús**. ¡Fijaos en la humildad de Jesús que, siendo Dios, como su Padre del Cielo, **quiso nacer en aquel lugar** tan pobre!

Yo le abracé con inmenso amor, lo envolví en unos pañales y lo acosté en un pesebre, que José había llenado de paja limpia.

Actividades

Investiga y contesta:

¿Qué es un establo? ¿Y un pesebre? ¿Por qué Jesús nació en un sitio así?

Palabra de Dios

La adoración de los pastores

Entonces ocurrió algo **maravilloso**, y es que en medio de la noche un **ángel** del Señor se presentó a unos **pastores** que guardaban sus rebaños por aquel lugar. Los envolvió con una gran luz y les dijo: **"Os anuncio una Buena Noticia que será de alegría para todo el pueblo: hoy os ha nacido un Salvador**, el Mesías, el Señor".

Y, de pronto, aparecieron muchos ángeles entonando una maravillosa canción que decía así: "**Gloria a Dios** en el Cielo y en la tierra paz a los hombres de buena voluntad..."

Los pastores **vinieron corriendo al portal** de Belén y encontraron a María, a José y al Niño acostado en el pesebre. Y ofrecieron al Niño **sencillos regalos**.

Actividades

link

Aprendemos este villancico:

En el portal de Belén
hay estrellas, sol y luna,
la Virgen y san José
y el Niño que está en la cuna.

Pastores venid, pastores llegad,
adorad, adorad al Niño
que ha nacido ya.

En el portal de Belén
hacen lumbre los pastores,
para calentar al Niño
que ha nacido entre las flores.

Pastores venid, pastores llegad,
adorad, adorad al Niño
que ha nacido ya.

La imagen del Niño Jesús

El Hijo de Dios pudo haber nacido en el mejor de los palacios. Sin embargo, eligió el más humilde de los lugares para venir al mundo: un establo y, dentro de él, un **pesebre** en el que dormir, en lugar de una cálida cunita. Así nos mostró su **humildad**, su desprendimiento de las cosas y que venía a ser el humilde servidor de todos nosotros.

María y José aceptaron de buen grado la **voluntad de Dios**, pues siempre debemos confiar en que sus decisiones son las mejores.

Padre, ¡qué grande es tu amor para nosotros! Nos has enviado a tu Hijo, Jesús, para hacernos a nosotros ricos con su amor.

 Canción: "Niño lindo"
© Editorial Casals

 link

Aprendemos los números 24, 25 y 26 del Catecismo "Jesús es el Señor"

¡Celebramos!

Cantamos al Niño Jesús

Reunidos con nuestros compañeros comenzamos la celebración haciendo la **señal de la Cruz**. Luego, recibimos la imagen del **Niño Jesús** en la cuna portada por dos niños.

Ahora todos juntos vamos a dar la **bienvenida al Niño Dios** que va a nacer en Belén. Leemos el relato del evangelio de **San Lucas 2,1-7** (*lee el catequista o un niño/a que se haya preparado para leer*).

Un niño o una niña explican a sus compañeros el **significado** de la fiesta de la próxima **Navidad**.

A continuación, varios niños pueden leer **peticiones** preparadas en la anterior sesión de catequesis, a las que todos contestarán: **«VEN, SEÑOR JESÚS»**

Como despedida, podemos cantar la siguiente canción:

🎵 **Canción: "La Virgen sueña caminos"**
© Editorial Casals

link

Estas actividades son para hacer conjuntamente los padres (o uno de ellos) con el hijo o la hija. No es difícil encontrar unos minutos para ayudarles en su formación cristiana.

Catequesis familiar

link

▶ **"La Virgen María"**
© Editorial Casals

Ved en familia este vídeo y luego comentáis:
¿Por qué Dios eligió como Madre suya a una mujer sencilla y humilde y no a una Reina?

link

🎵 **"Niño lindo"**
© Editorial Casals

Escuchamos la canción. Luego la podemos cantar en familia haciendo karaoke.

Para pensar

Lee el texto de la página 33. Ahora explícaselo a tus padres y luego rezáis juntos la oración de la parte inferior.

link

Un cuento

Escuchamos el cuento:
'La joven Virgen María'
© Editorial Casals

¿Qué conclusiones podemos sacar?

Escribe al menos una:

JOSÉ, ESPOSO Y PADRE

link

♫ "En el taller de Nazaret"
© Editorial Casals

OBJETIVO: Que se vea claramente que José tiene un papel muy importante en la vida de Jesús.

CATECISMO "Jesus es el Señor", tema 10.

Yo soy José, el esposo de la Virgen María y padre adoptivo de Jesús. Mi familia descendía del rey David y de Belén, aunque yo vivía en Nazaret, donde conocí y me enamoré de María. Me ganaba la vida trabajando como artesano, haciendo muebles, puertas, arados... de ese modo ayudaba a mis padres y podía pensar en casarme y formar un hogar.

el personaje

María y yo nos hicimos novios muy jovencitos, ya que en esa época nos casábamos muy pronto, y como nos queríamos mucho decidimos celebrar enseguida los esponsales, que era ya matrimonio, pero en lugar de irnos a vivir juntos, seguimos la costumbre de vivir cada uno en su casa durante un año.

¿Cuál es la diferencia entre ser novio o estar casado?

¿Qué diferencia hay entre un padre adoptivo y uno biológico?

San José fue el padre adoptivo de Jesús, entonces... ¿Quién es su verdadero padre?

El anuncio a José

(Mt 1, 18.22.24)

Un día me di cuenta de que María esperaba un bebé que no era mío. Ella callaba, y yo, que sabía que era muy buena, decidí dejarla, pero Dios me envió un ángel que me dijo mientras dormía:

"José, hijo de David, no temas recibir a María, tu esposa, porque lo que hay en ella ha sido concebido por obra del Espíritu Santo. Dará a luz un hijo, y le pondrás por nombre Jesús".

Lleno de felicidad traje a María a vivir conmigo. Cuando estaba próximo el momento de dar a luz, tuvimos que ponernos en camino hacia Belén, pues el Emperador de Roma había ordenado que todos los habitantes de Judea nos registráramos en nuestra ciudad de origen. Y la mía era Belén, la ciudad del rey David.

¿Verdadero o falso?

José confiaba totalmente en María. **VERDADERO** ⬜   ⬜ **FALSO**

María le explicó a José lo que había sucedido. **VERDADERO** ⬜   ⬜ **FALSO**

Los planes de Dios eran mejores que los de José. **VERDADERO** ⬜   ⬜ **FALSO**

El verdadero padre de Jesús no era José. **VERDADERO** ⬜   ⬜ **FALSO**

El nacimiento de Jesús contado por José

(Lucas 2, 1-23)

Al llegar a Belén no había sitio en la posada y tuvimos que refugiarnos en un establo de animales. ¡Allí nació Jesús! Yo estaba triste por no haber sido capaz de encontrar un lugar más digno para el Señor. Pero María me dijo que debía estar muy alegre pues ese era el plan de Dios para su Hijo.

Vinieron muchos pastores a adorarle y trajeron regalos para el Niño: queso, leche, miel, un corderillo...

A los ocho días le circuncidamos, y a los 40 días fuimos a Jerusalén para presentarlo en el Templo. Esto era importantísimo, pues en ese momento el padre imponía el nombre a su hijo, y fue cuando entendí mejor que yo debería hacer siempre de padre de Jesús. Le puse "Jesús" pues así nos lo había indicado el ángel.

Unos días después, el ángel me indicó, también en sueños, que huyéramos rápidamente a Egipto, pues Herodes buscaba al Niño Jesús para matarle.

el signo

La Sagrada Familia

San José, con su amor y su trabajo, formó junto a María y Jesús una hermosa familia.

Los tres colaboraron para conseguir que el hogar fuera un sitio acogedor: María se dedicaba a las labores del hogar, haciendo que todos se sintieran bien en aquella casa humilde, pero limpia y acogedora. José trabajaba para dar sustento a los suyos, mientras Jesús colaboraba con ambos, aprendiendo día tras día y creciendo en edad, sabiduría y gracia.

José nos enseña que la obediencia pronta a Dios y el trabajo son la mejor manera que tenemos para dar gloria a Dios, por eso es el patrono de los trabajadores.

Celebramos su fiesta de modo especial el 19 de Marzo, y además, como ha sido el mejor padre del mundo, ese día también celebramos "el día del padre".

Aprendemos jaculatorias

Jesús, José y María,
os doy el **corazón** y el **alma** mía.

Jesús, María y José,
¡que esté siempre con los tres!

¡Celebramos!

Nos reunimos en torno a una imagen de san José en la que lleva de la mano o en brazos al Niño (para distinguirlo del belén, que es propio de la Navidad).

Recitamos:
*Esposo de la Virgen,
custodio del Señor,
llévanos a María
y por María a Dios.
Llévanos a María
y por María a Dios.*

El celebrante **lee en voz alta el evangelio** de Mateo 1,18-21.

Rezamos juntos la **oración** propuesta por el papa Francisco para el año dedicado a San José:

*Salve, custodio del Redentor
y esposo de la Virgen María.
A ti Dios confió a su Hijo,
en ti María depositó su confianza,
contigo Cristo se forjó como hombre.
Oh, bienaventurado José,
muéstrate padre también a nosotros
y guíanos en el camino de la vida.
Concédenos gracia,
misericordia y valentía,
y defiéndenos de todo mal.
Amén*

Estas actividades son para hacer conjuntamente los padres
(o uno de ellos) con el hijo o la hija. No es difícil encontrar
unos minutos para ayudarles en su formación cristiana.

Catequesis familiar

link

"La familia de Jesús"
© Editorial Casals

Ved en familia este vídeo
y luego comentáis:
S. José era carpintero:
¿Qué trabajos haría para ganarse
la vida y sostener a su familia?
¿Cuándo empezaría Jesús
a trabajar con José y qué trabajos
le encargaría José?

link

"En el taller de Nazaret"
© Editorial Casals

Escuchamos la canción. Luego
la podemos cantar en familia
haciendo karaoke.

link

Un cuento

Escuchamos el cuento:
"El árbol genealógico"
© Editorial Casals

¿Qué conclusiones podemos sacar?

Escribe al menos una:

Para pensar

Lee el texto de la
página 37. Ahora
explícaselo a tus padres
y luego rezáis juntos las
jaculatorias de la parte
inferior.

HERODES

link

"Los Reyes Magos"
© Editorial Casals

OBJETIVO: Percibir que los hombres no pueden impedir los planes de Dios, aunque mucho sea su poder.
CATECISMO "Jesus es el Señor", tema 10.

el personaje

Yo soy Herodes y, cuando nació Jesús en Belén, yo era el **rey** de los judíos, aunque no practicaba su religión, pero la respetaba. De hecho, reconstruí el templo de Jerusalén. Llegué a conseguir este puesto gracias a que mis antepasados, que eran soldados del ejército, fueron muy astutos y lograron escalar altos puestos. Pero yo fui aún más **listo**, y cuando iba a Roma a ver al emperador siempre le **adulaba** y le complacía, y así logré que me nombrara rey, puesto en el que estuve durante 30 años.

Os aseguro que nada me **importaba** tanto como mantener mi posición, y hasta llegué a **matar** a mi esposa y a varios de mis hijos cuando pensé que podían ser una amenaza.

E	R	J	I	G	J	V	B	O
S	B	H	E	R	O	D	E	S
I	J	U	G	T	E	J	L	B
J	E	R	U	S	A	L	E	N
O	E	N	R	E	Y	I	N	E

Encuentra en la siguiente tabla **cuatro palabras** del relato anterior.

Los Reyes visitan a Herodes

Mt 2, 1-2, y 1, 7-12

Un día se presentaron en mi palacio tres personajes de Persia preguntando: "¿Dónde está el rey de los judíos, que ha nacido?, porque su estrella hemos visto en el oriente y venimos a adorarle" (Mt 2,1-2). Me puse muy nervioso pensando que ese niño me quitaría la corona, pero lo disimulé.

Después de consultar a mis asesores les dije que el Niño había nacido en Belén. Fingí interés en ir a adorarle y les pedí que cuando lo encontraran volvieran para decirme dónde estaba, pero mi verdadera intención era matarle. No volvieron, pues un ángel les alertó de mis verdaderas intenciones.

Actividades

Traza con lápiz el camino que recorrieron los Reyes Magos.

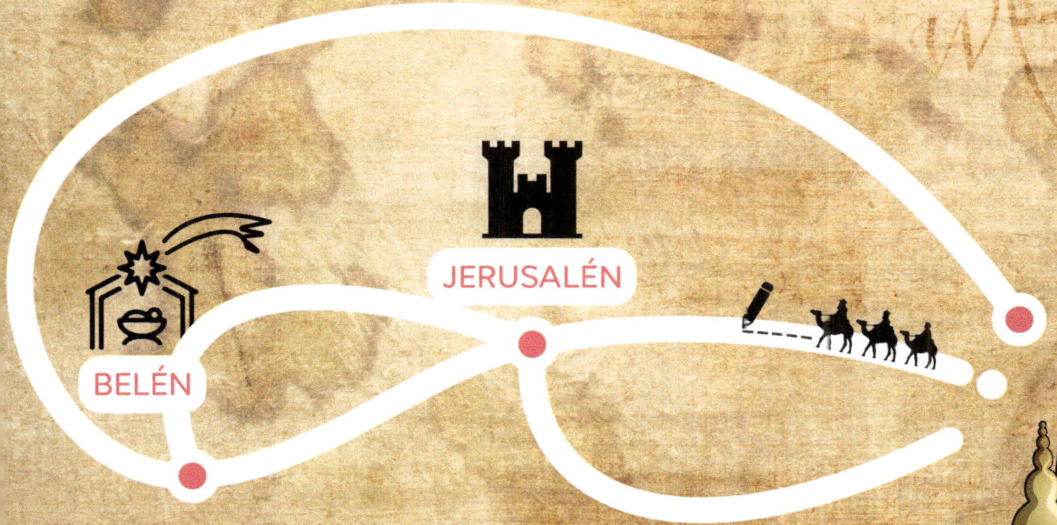

JERUSALÉN

BELÉN

¡Me habían engañado!
Cuando me di cuenta, monté en **cólera** y mandé **matar** a todos los niños que había en Belén y alrededores de menos de dos años. Pero fracasé: cuando llegaron mis soldados la Sagrada Familia había **huido a Egipto** en mitad de la noche, pues un **ángel** avisó a José de mis planes. No debieron permanecer allí mucho tiempo, porque pocos meses después de la matanza de los niños de Belén me llegó la **muerte**. Un historiador judío escribió que mi muerte fue **terrible**, pues estaba lleno de llagas infectadas y con dolores insoportables.

Actividades

Piensa y contesta:

¿Por qué se enfadó el rey Herodes? ¿Te parece justo lo que hizo?

¿Cómo se libró Jesús de la muerte?

¿Crees que siempre debemos obedecer a Dios? ¿Por qué?

La vida es un don de Dios

La vida es un don de Dios,
y sólo Él tiene derecho sobre ella.

Matar es quitar la vida a una persona y es un pecado **gravísimo**. El 5º mandamiento nos dice expresamente "NO MATARÁS".

Cuando este pecado se comete contra los más pequeños e **inocentes** es aún más **grave**.

Hoy en día son **millares** los niños que siguen muriendo de forma violenta: niños maltratados, víctimas del hambre y de la guerra... y especialmente los **millones** de niños que mueren todos los años a causa del **aborto** provocado.

"Nunca es lícito matar a un inocente"

San Juan Pablo II

Aprendemos

Los cristianos tenemos una fiesta que se llama: *Santos Inocentes*. La celebramos todos los años el día 28 de diciembre

Aprendemos los números 74, 75 y 76 del Catecismo "Jesús es el Señor" **y repasamos** los 10 Mandamientos de la Ley de Dios (pág. 90).

Todos los niños, con el celebrante
y el catequista memorizan:

"El quinto mandamiento de la ley de Dios dice NO MATARÁS"

En la sesión de catequesis los niños han pensado y llevan escritos distintos modos de atentar contra este mandamiento. Ahora los exponen en voz alta y pueden rezar... (por ejemplo):

Por los niños que mueren en las guerras, te pedimos perdón, Señor.
Todos: "Perdónanos, Señor"
Por los niños maltratados, te pedimos perdón, Señor.
Por los niños que sufren acoso escolar, te pedimos perdón, Señor.
Por los niños que mueren a causa del aborto, te pedimos perdón, Señor.

Rezamos a dos coros. Primero lo leo yo (catequista)
y luego todos se lo rezamos a Jesús:

Oye, ansioso y turbado, el rey tirano
Que ha nacido en Belén el rey de reyes
El que viene a cambiar todas las leyes
Y a remover el corazón humano.
Con la nueva exclamó, loco de saña:
"si este pequeño vive, soy depuesto
Ministro, empuña el sable, vete presto
Las cunas con sangre riega y baña.
¿Qué aprovecha delito tan extraño?
¿De qué sirven a Herodes sus maldades?
Ejemplo son de tantas crueldades
En que el hombre se ciega haciendo daño.
Jesús, tú que escapaste de su espada
Ayuda a quienes hoy huir no pueden
No dejes que los hombres hoy se queden
Hundidos en violencia despiadada.
Sabes, Señor, que Herodes todavía
Reina hoy en el corazón de tantos hombres;
Convierte, Cristo, esta violencia mía
En pacífica sombra de amor y de alegría.

Estas actividades son para hacer conjuntamente los padres (o uno de ellos) con el hijo o la hija. No es difícil encontrar unos minutos para ayudarles en su formación cristiana.

Catequesis familiar

link

▶ **"Los Reyes Magos"**
© Editorial Casals

Ved en familia este vídeo y luego comentáis:
**¿Quiénes eran los Reyes Magos?
¿Por qué viajaron hacia Belén?
¿Por qué Herodes tenía mucho interés en ir a Belén?
¿Se salió con la suya?**

link

♫ **"Los Mandamientos"**
© Editorial Casals

Escuchamos la canción. Luego la podemos cantar en familia haciendo karaoke.

¿Verdadero o falso?

Herodes era un rey muy bueno.

VERDADERO ⬜   ⬜ FALSO

Los Magos seguían la estrella.

VERDADERO ⬜   ⬜ FALSO

La estrella les condujo a Belén.

VERDADERO ⬜   ⬜ FALSO

Herodes les dijo que él también quería ir a adorar al Niño Jesús.

VERDADERO ⬜   ⬜ FALSO

Los Magos ofrecieron al Niño tres cosas: plata, chuches y un patín.

VERDADERO ⬜   ⬜ FALSO

Para pensar

Lee con tus papás la página 43 y luego hablamos:

¿Qué quería hacer Herodes al Niño Jesús?

¿Qué significan los dibujos de esa página?

¿Qué se celebra el 28 de diciembre?

UN AMIGO DE JESÚS

"Comiendo pastelitos con Dios"
© Editorial Casals

OBJETIVO: Descubrir que nuestra vida ordinaria puede convertirse en algo de valor extraordinario.
CATECISMO "Jesus es el Señor", tema 11.

el personaje

Aunque no aparezco en la foto de arriba, soy un amigo de Jesús. Vivíamos uno al lado del otro. La casa de Jesús tenía adosado el taller de carpintería de José.

Allí creció Jesús aprendiendo lo mismo que los demás niños. Su madre, María, como todas nuestras madres, elaboraba el pan y preparaba las demás comidas que eran siempre muy sencillas. En las fiestas judías solía preparar algún pequeño extraordinario.

A los cuatro años comenzamos a ir a la sinagoga, donde escuchábamos las Escrituras y rezábamos. También era como una escuela donde, a partir de los seis años, nos enseñaban a leer, a escribir y la historia de nuestro pueblo, que está contenida en los primeros libros de la Biblia.

¿Crees que a Jesús le gustaba jugar?

¿Cómo demostró en este cuento su amistad a su amigo?

Cuento: "El mayor milagro"
© Editorial Casals

Viaje a Jerusalén

(Lucas 2,41-52)

Cuando cumplimos 12 años fuimos con nuestros padres a Jerusalén a celebrar la Pascua. Jesús, a la vuelta, se quedó allí sin decírselo a sus padres.

Al darse cuenta volvieron preocupados a Jerusalén y, después de tres días de búsqueda, le encontraron en el Templo hablando con los doctores de la Ley. Le preguntaron por qué había hecho aquello, y Él les contestó: "¿Por qué me buscábais? ¿No sabíais que es necesario que yo esté en las cosas de mi Padre?" (Lc 2, 41-52)

Después volvió a casa con ellos. Jesús siempre fue un chico obediente y alegre, que ayudaba a sus padres y que aprendió con ilusión, de José, el oficio de carpintero.

Actividades

¿Jesús sabía que era el Hijo de Dios?

¿Tenía el deber de obedecer a María y a José? ¿En qué les obedecería?

¿Por qué en aquella ocasión no los obedeció?

El hijo del carpintero

(Marcos 6, 1-3)

Cuando se hizo mayor continuó trabajando como artesano. En todo el pueblo Jesús era conocido como "el hijo del carpintero". Todos los amigos le queríamos muchísimo, porque siempre y en todo buscaba nuestro bien.

Jesús no se casó y cuando tenía unos treinta años se despidió de su madre y se fue hacia el río Jordán, donde bautizaba Juan el Bautista. Desde entonces se dedicó a ir por todos los pueblos anunciando la llegada del Reino de Dios.

En una ocasión en que volvió a Nazaret le invitaron a que predicara en la sinagoga. Lo hizo tan genial, que la gente decía: "¿De dónde sabe este estas cosas?¿Y qué sabiduría es la que se le ha dado? ¿No es este el hijo del carpintero?" (Marcos 6,1-3)

Actividades

Piensa y comenta con tus compañeros:

¿Cómo haría Jesús su trabajo de artesano?

¿Cómo deberías hacer tu trabajo para que se pareciera al de Jesús?

¿Cuál es ahora tu trabajo? ¿Cómo puedes imitar a Jesús?

Jesús jugaba con los niños cuando era pequeño

Jesús **jugaba** con sus **amigos** cuando era pequeño y se llevaba bien con todos los niños del pueblo; si alguno le ofendía, Él le **perdonaba** enseguida.

Jesús tenía sus preferencias: le gustaban más unas **comidas** que otras, pero sabía que el alimento nos lo da **Dios** y por eso comía lo que le ponían en el plato, dando siempre **gracias** a Dios.

el signo

Jesús trabajó de carpintero, sobre todo cuando faltó José

Nunca perdía el **tiempo**. Por eso, **colaboraba** en las tareas del hogar y **ayudaba** a José en el taller.

Cuando fue **adulto** era muy buen artesano y los labradores de Nazaret acudían a Él para que les **arreglase** los arados o las ruedas del carro. Era muy **atento** con todos y a los más pobres no les cobraba.

Aprendemos

Todos los trabajos son grandes cuando se hacen con amor y por amor.

Aprendemos los números 27, 28 y 29 del Catecismo "Jesús es el Señor"

¡Celebramos!

Previamente el catequista prepara una bandeja
con el doble de papeletas en blanco que los miembros
del grupo de catequesis, y otra bandeja vacía.
Las deposita donde crea oportuno.

1. Reparte una papeleta a cada componente del grupo
2. Les dice que escriban el trabajo que hace papá (por ejemplo: es electricista, es médico)
3. Las depositan en la bandeja vacía
4. Reparte otra papeleta a cada uno
5. Les dice que escriban el trabajo que hace mamá
6. Las depositan en la bandeja anterior
7. Al final dice el catequista: Voy a decir dos veces una frase; después vosotros la repetís tres veces, cada vez más fuerte. Dice:

"El trabajo más importante es el que se hace con más amor".

Lo corean tres veces. El celebrante invita a los niños
a meditar unos instantes diciéndoles:

• Pide a Jesús en silencio que te ayude a ser como Él: trabajador y estudioso.
• Ofrécele tu trabajo.
• Haz un propósito concreto para imitar a tu amigo Jesús.

Terminamos rezando:
"Buen Jesús, amigo de los niños, bendice a los niños del mundo entero"

Estas actividades son para hacer conjuntamente los padres (o uno de ellos) con el hijo o la hija. No es difícil encontrar unos minutos para ayudarles en su formación cristiana.

Catequesis familiar

link

▶ **"Comiendo pastelitos con Dios"**
© Editorial Casals

Ved en familia este vídeo y luego comentáis:
¿Ese niño era generoso?
¿Imitaba a Jesús?
¿Cómo podemos cada uno de nosotros ser un poco más generosos? Ponemos por escrito los propósitos que hemos hecho.

link

🎵 **"El mejor de los amigos"**
© Editorial Casals

Escuchamos la canción. Luego la podemos cantar en familia haciendo karaoke.

Para pensar

Lee con tus papás la página 48 y comenta con ellos las actividades de la parte inferior.

Un cuento

link

Escuchamos el cuento:
"El mayor milagro"
© Editorial Casals

¿Qué conclusiones podemos sacar?

Escribe al menos una:

JESÚS, EL SALVADOR

link

"Jesús es la Luz del mundo"
Canal YouTube "Catequizis"

OBJETIVO: Reconocer que Jesús no es un hombre más sino el Hijo de Dios, el Salvador del mundo.
CATECISMO "Jesus es el Señor", tema 11.

el personaje

Yo soy JESÚS. Ya conoces por los capítulos anteriores que nací en Belén y todo lo que aconteció en mi nacimiento. Ahora quiero explicarte **quién soy yo**.

Como ya sabes, hay un solo Dios. Ese único Dios existe en tres Personas que son el Padre, el Hijo y el Espíritu Santo. Es un gran misterio: lo llamamos **Santísima Trinidad**.

Pues bien, Dios quería **salvar a los hombres** que iban por muy mal camino. Y para ello, el Hijo se hizo hombre. ¿Cómo fue esto? Ya lo sabes: el Espíritu Santo llenó de gracia a la Virgen María; quedó embarazada y me dio a luz en Belén.

¿Cómo explicarías con tus propias palabras quién es Jesús?

Jesús, Dios y hombre verdadero

(Génesis 3, 14-15)

Yo soy Dios, junto con el **Padre** y el **Espíritu Santo**. Y yo, sin dejar de ser Dios, me hice hombre y vine a vivir con vosotros. Esto ocurrió hace unos dos mil años. Pero las cosas comenzaron muchos siglos antes. Recordarás que en los temas 1 y 2 vimos lo maravillosa que fue la creación del mundo y la de vuestros primeros padres, **Adán y Eva** y que mi Padre les llenó de dones que podrían trasmitir a sus descendientes. Sólo les puso una condición: no comer el fruto del árbol del bien y del mal.

Recordarás que, engañados por el demonio, **desobedecieron a Dios** y pecaron. Con ello perdieron los grandes dones que habían recibido y quedaron arruinados y lejos del Paraíso: ellos y sus descendientes, que sois **vosotros**.

Actividades

¿Por qué se ha usado este **triángulo** como representación del misterio de la **Santísima Trinidad**?

Palabra de Dios

Los profetas anuncian un Salvador

(Is 7, 14, Is 11, 1; Mt 2, 2; Sam 7, 14-16; Miqueas 5,1)

Profeta

La vida lejos del paraíso era muy dura y al final llegaba la muerte; y lo que es peor, ya no se podía entrar en el Cielo. Pero mi Padre se compadeció de vosotros y enseguida hizo esta promesa: un día enviaré un Salvador para que os devuelva la herencia perdida.

Pasados muchos años, Dios escogió a un pueblo, Israel, para que de él naciera el Mesías Salvador. Este hecho fue anunciado a lo largo de varios siglos por los profetas que Dios enviaba; por ejemplo, dijo que Yo nacería de una Virgen, que sería un descendiente del rey David y que nacería en Belén. Ahora comprenderás mejor por qué el ángel dijo a mi madre que yo sería "el Salvador" (Lc 1,30).

Sopa de letras

¿Quién cerró las puertas del Paraíso? • ¿Cómo se llama el pueblo elegido por Dios? • ¿Quiénes anunciaban al Salvador? • ¿A quién anunciaban? • Jesús es a la vez Dios y...

E	I	S	R	A	E	L	R	D
H	O	M	B	R	E	T	D	I
M	S	A	I	S	E	M	A	O
S	P	R	O	F	E	T	A	S

el signo

El bautismo

Ahora hay mucha gente que piensa que el mundo ha de ser "salvado" por los políticos, o por los científicos, o los médicos, o los inventores de las nuevas tecnologías.

Pero "salvar" significa "vencer al mal" y, sobre todo, *vencer a la muerte*. Y el único que tiene poder para vencer al pecado y a la muerte es **Dios**. Solo ha existido una Persona que haya vencido al pecado y a la muerte: Jesús, que murió por nuestros pecados y resucitó del sepulcro. Así se mostró más fuerte que la muerte.

Jesús nos salva con el **sacramento del Bautismo**, haciendo que participemos de su muerte y resurrección. Por eso, por medio del Bautismo, **perdona los pecados** que en ese momento tengamos, nos da una "nueva vida", la vida de los hijos de Dios, y nos da derecho a heredar el **Cielo** y a ser **felices** con Dios por toda la eternidad.

Actividades

Aprende y completa las palabra que dice el sacerdote cuando bautiza:

"N. (*aquí dice el nombre*), yo te _____ en el nombre del _____ y del _____ y del _____ Santo. Amén".

🎵 **Canción: "El Bautismo"**
© Editorial Casals

link

Aprendemos los números 24, 25, 26, 30 y 55 del Catecismo "Jesús es el Señor"

El Bautismo es el punto primero y fundamental de encuentro de cada uno de nosotros con **Jesús**. En este sacramento, Jesús nos limpia nuestros pecados y nos hace hijos de Dios con el **agua** bautismal.

Al final de la ceremonia se pone una **vestidura blanca** al que ha recibido el Bautismo. Esa vestidura blanca significa la **limpieza del alma** y la vida de hijo de Dios que se inicia con este sacramento, porque "los que habéis sido bautizados en Cristo, os habéis revestido de Cristo". *(Gálatas 3, 27)*

link

Escuchamos esta canción

Un solo Señor,
una sola fe,
un solo bautismo,
un solo Dios y Padre.

Llamados a compartir
una misma esperanza en Cristo,
cantamos y proclamamos:

Un solo Señor, etc.

Estas actividades son para hacer conjuntamente los padres (o uno de ellos) con el hijo o la hija. No es difícil encontrar unos minutos para ayudarles en su formación cristiana.

Catequesis familiar

link

"Jesús es la Luz del mundo"
Canal YouTube "Catequizis"

Ved en familia este vídeo y luego comentáis por qué Dios es la Luz del mundo.

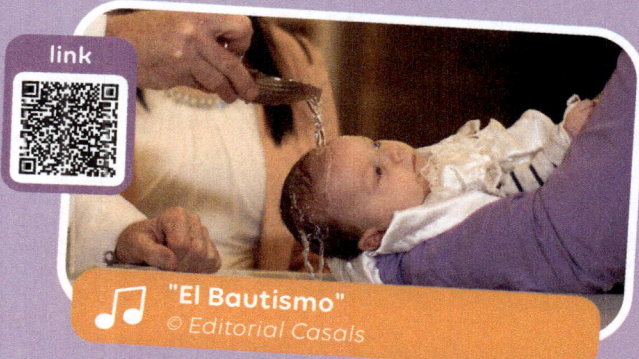

link

🎵 **"El Bautismo"**
© Editorial Casals

Escuchamos la canción. Luego la podemos cantar en familia haciendo karaoke.

¿Por qué el Bautismo es tan importante?

Escríbelo en una sola frase:

link

Un cuento

Escuchamos el cuento:
"Jesús todo lo hace bien"
© Editorial Casals

¿Qué conclusiones podemos sacar?

Escribe al menos una:

¿Quién es Jesús?

Elige la definición que te guste más:

Jesús es el Salvador de los hombres.

Jesús es la Luz del mundo.

Jesús es el Hijo de Dios que nos salva.

Jesús es Dios y Hombre verdadero.

JUAN BAUTISTA

link

▶ **"El Bautismo de Jesús"**
Canal YouTube Iglesia de Jesucristo*

OBJETIVO: Descubrir la grandeza y la fidelidad de Juan Bautista a su misión de precursor del Salvador.
CATECISMO "Jesus es el Señor", tema 12.

Yo soy Juan, al que llaman "Bautista" (el que bautiza).

Nací en Ain Karim, un pueblo precioso en medio de la sierra, a pocos kilómetros de Jerusalén. Mi padre, que se llamaba Zacarías, era sacerdote del Templo de Jerusalén; y mi madre, Isabel, era prima de la mamá de Jesús.

el personaje

Cuando yo llevaba seis meses en el vientre de mi madre Isabel, vino a visitarnos María, la mamá de Jesús, que también le traía a él en el suyo. Esto dio lugar a que yo, lleno de alegría ante tal visita y movido por el Espíritu Santo, moviera los piececitos dentro del vientre de mi madre Isabel.

Fue como un primer gesto de la que sería la misión que Dios me tenía reservada: anunciar la llegada del Mesías Salvador al mundo.

¿Por qué fue María a visitar a su prima Isabel?
¿Cuál iba a ser la misión de cada uno de esos niños?

Juan Bautista bautiza a Jesús

(Marcos 1, 1-11)

Cuando fui mayor, Dios me hizo entender mi misión: *anunciar la llegada del Mesías Salvador al mundo* diciendo a la gente que se arrepintiera de sus pecados para recibirlo. Venían muchos para ser bautizados por mí en el río Jordán.

Un día vi que Jesús venía para bautizarse. Cuando llegó ante mí, yo le dije: "¡Imposible!, porque tú no tienes ningún pecado". Él me replicó: "Tú deja actuar a Dios y bautízame". Entonces le bauticé.

En aquel momento ocurrió algo maravilloso. Se abrió el *Cielo*, descendió sobre Jesús como una paloma y se oyó una voz que decía: "Este es mi Hijo, escuchadle". La voz era del Padre celestial y la paloma era una imagen del Espíritu Santo. El Bautismo de Jesús fue una manifestación de la Santísima Trinidad: se escuchó la voz del Padre y se vio al Hijo y al Espíritu Santo.

Palabra de Dios

Sopa de letras

¿Cómo se llamaba el Bautista?

¿A quién anunciaba?

¿De quién era la voz que se escuchó venida del Cielo?

¿Qué misterio se manifestó en el Bautismo de Jesús?

E	I	S	P	A	D	R	E
J	E	S	U	S	E	T	D
M	S	A	J	U	A	N	P
D	A	D	I	N	I	R	T

El martirio de Juan Bautista
(Mateo 14, 1-11)

Yo seguí predicando y diciendo a la gente que cambiara de vida y se portara mejor. No tuve miedo de decírselo al mismo rey Herodes, porque vivía con una mujer que no era la suya. Herodes me temía; me metió en la cárcel, pero no se atrevía a hacer más.

Un día, Herodes dio un gran banquete e invitó a toda la gente importante. Terminada la cena, salió a bailar la hija de la mujer con la que vivía Herodes. Lo hizo tan bien, que Herodes le prometió darle todo lo que le pidiera. Ella preguntó a su madre, la cual no dudó y le dijo: pide al rey la cabeza de Juan Bautista. Herodes mandó que me cortaran la cabeza; y la joven bailarina se la entregó en una bandeja a su madre.

En una ocasión Jesús dijo que no había nacido nadie que fuera más grande que yo.

Actividades

Piensa y contesta:

¿Juan Bautista era valiente o cobarde? ¿Cómo lo sabemos?
¿Herodes era valiente o cobarde? ¿Cómo lo sabemos?
¿Hoy hay valientes para anunciar a Cristo? Contamos algún ejemplo.

el signo

Este es mi Hijo amado. Escuchadle.

El Bautismo de Jesús

El bautismo de Jesús es la inauguración pública de su **misión** como Salvador de los hombres.

La voz del **Padre** responde complacido a la aceptación que hace Jesús de la misión que su Padre le ha confiado.

Y el **Espíritu Santo** viene a posarse sobre Jesús en forma de paloma, que es símbolo de la **paz** que trae el Salvador.

En el Bautismo de Jesús "se abrieron los **cielos**" (*Mt 3, 16*) que el pecado de Adán y Eva habían cerrado.

Por el Bautismo, los renacidos del agua y del Espíritu Santo se convierten en **hijos amados** del Padre llamados a "vivir una vida nueva" (*Rm 6, 4*) y alcanzar la gloria del **Cielo**.

Actividades

Lee y une con flechas:

El Bautismo de Jesús ◯   ◯ Se abrieron los Cielos

Las palabras de Dios Padre ◯   ◯ Inaugura su misión de Salvador

Con el Bautismo de Jesús ◯   ◯ Aceptan la misión del Hijo

Aprendemos los números 11, 12, 13, 14, 24 y 39 del Catecismo "Jesús es el Señor"

Celebramos a todos aquellos que en nuestros días anuncian a Jesús, el Salvador, como Juan lo anunció en el Jordán. Uno de los presentes leerá cada intención y los demás responderemos:
Escúchanos, Jesús.

Roguemos por los misioneros de África y Asia que anuncian allí a Jesús.
R. Escúchanos, Jesús.

Roguemos por todos los sacerdotes, especialmente por los de nuestra comunidad que anuncian a Jesús.
R. Escúchanos, Jesús.

Roguemos por nuestros papás y por todos los papás, que nos enseñan a conocer y a querer a Jesús.
R. Escúchanos, Jesús.

Roguemos por los cristianos que sufren persecución y, a veces, la muerte por anunciar a Jesús.
R. Escúchanos, Jesús.

Terminamos rezando todos juntos la oración del Padre Nuestro.

link

Canción "Niños de fe"
© Editorial Casals

Catequesis familiar

Un cuento

link

Escuchamos el cuento:
"El nacimiento"
© Editorial Casals

Después de escuchar el cuento, dialogamos:

El lavado que le hicieron a ese niño al poco de nacer, ¿fue su bautismo?

¿Lo podrías explicar?

link

▶ **"El Bautismo"**
© Editorial Casals

Para pensar

Cuando Jesús fue bautizado por Juan Bautista, ¿qué misterio se manifestó?

Relaciona con flechas:

Dios Padre •   • Una paloma

Dios Hijo •   • Una voz del Cielo

Dios Espíritu Santo •   • Jesús

link

♫ **"Niños de fe"**
© Editorial Casals

Escuchamos la canción. Luego la podemos cantar en familia haciendo karaoke.

LAS BODAS DE CANÁ

"Los milagros de Jesús"
Canal YouTube "Catequizis"

link

OBJETIVO: Descubrir que la Virgen María ruega a Jesús por nuestras necesidades y Jesús la hace caso.

CATECISMO "Jesus es el Señor", tema 15.

Somos Rubén y Esther el día de nuestra boda en Caná de Galilea. Acudieron muchos invitados y, entre ellos estaban Jesús y María, que eran muy amigos de nuestra familia.

Primero llegó María y, un poco después, Jesús, que venía acompañado de Pedro, Juan y otros tres discípulos. Preparamos la fiesta, tanto la ceremonia religiosa como el banquete posterior que solía durar varios días. Todo lo preparamos con la mayor ilusión para que los invitados se sintieran felices y satisfechos.

En una boda podía faltar cualquier cosa, pero lo que no podía faltar era el vino. En la nuestra tampoco faltó al principio, pero luego empezó a escasear y llegó un momento en que el vino se terminó.

el personaje

¿Por qué Rubén y Esther invitarían a la boda a Jesús y a María?

¿Cómo te sentirías si en tu fiesta faltaran las "chuches", los zumos...?

"Haced lo que Él os diga"

"No tienen vino"

(Juan, 2,1-11)

La Virgen María fue la primera que se dio cuenta de que se estaba acabando el vino. Enseguida buscó a Jesús y le dijo: "No tienen vino". ¡El vino se ha acabado! Jesús entendió que su Madre le pedía que hiciera un milagro, pero le contestó: "¿Qué tenemos que ver tú y yo, mujer? Todavía no ha llegado mi hora".

Seguramente Jesús no dijo esas palabras muy serio, sino con una sonrisa. El caso es que María comprendió que Jesús les iba a conceder lo que ella le pedía; María llamó a los sirvientes y les dijo: "Haced lo que Él os diga".

Jesús se dirigió a los camareros y les pidió que llenaran de agua hasta arriba seis vasijas enormes que había allí. Después les dijo: "Llevad esto al mayordomo". Ellos le obedecieron y llenaron las vasijas hasta los bordes y se las llevaron al mayordomo.

Reflexionamos

¿Qué estaban celebrando en esa fiesta?

¿Sucedió algún problema? ¿Qué problema?

¿Quién se dio cuenta antes que nadie? ¿Qué hizo entonces?

¿Y qué hizo Jesús?

Cuando el mayordomo lo probó, puso los ojos en blanco y relamiéndose de gusto exclamó: "¡Jamás he bebido un vino tan rico como este!" Entonces dijo: "En una boda se pone primero el buen vino, y cuando están ya bebidos, se sirve el peor; tú en cambio has reservado el mejor vino hasta ahora". ¡Y es que Jesús, por petición de su madre, había convertido seiscientos litros de agua en el mejor vino del mundo!

Además del asombro, sentimos un enorme agradecimiento hacia María y hacia ti, Jesús; hacia María pues fue ella la primera que se dio cuenta de que el vino se había acabado; y hacia Jesús por este regalo que nos ha hecho, que no solo nos ha evitado hacer el ridículo ante los invitados, sino que además ha hecho que la fiesta de nuestra boda resultara mucho mejor.
¡Gracias, Jesús!

¿Verdadero o falso?

Rubén fue a la tienda a comprar más vino. VERDADERO ⬤ ⬤ FALSO

Los camareros llenaron las vasijas hasta los bordes. VERDADERO ⬤ ⬤ FALSO

El metre nunca había probado un vino tan malo. VERDADERO ⬤ ⬤ FALSO

La Virgen María rogó a Jesús que hiciera el milagro. VERDADERO ⬤ ⬤ FALSO

Jesús fue quien hizo el milagro al pedírselo su Madre. VERDADERO ⬤ ⬤ FALSO

el signo

La Virgen María cuida siempre de nosotros

María es la Madre de Jesús y, a la vez, Madre nuestra, por eso nos cuida y está **siempre atenta**, como en la boda de Caná, a nuestras necesidades.

A la Virgen María le decimos: **"Más que tú, solo Dios"**. Por eso es la mejor **intercesora** que tenemos en el cielo. Todas las cosas buenas que le pedimos **ella** se las presenta a su Hijo, como en Caná de Galilea.

REZAMOS JUNTOS:

Querida Madre nuestra: gracias por estar siempre atenta a nuestras necesidades. Queremos agradecerte tu amor y tu mirada de mamá cariñosa que cuida siempre de nosotros, en lo grande y en lo pequeño. Por eso te decimos: ¡Gracias, Madre!

Aprendemos

El 6 de enero es la fiesta de la Epifanía. Ese día celebramos la manifestación de Jesús a los paganos: a los Magos en Belén; y en la bodas de Caná, porque allí **Jesús hizo su primer milagro** "manifestó su gloria y sus discípulos creyeron en Él" (Juan 2, 11).

Aprendemos los números 33, 34, 26 y 70 del Catecismo "Jesús es el Señor"

¡Celebramos!

Colocamos una imagen de la Virgen con un cartel a sus pies en el que se lee:

Ave María: Tú eres la medianera de todas las gracias

Saludamos a María y repetimos, todos a una, tres veces la frase del cartel.

Luego el catequista propone cada petición y luego todos rezamos "Santa María, Madre de Dios..."

1. *Rogamos a la Virgen María para que Jesús conceda a nuestros papás salud y trabajo.*
   Todos. Santa María...

2. *Rogamos a la Virgen para que Jesús nos conceda querer cada día más a nuestros papás.*
   Todos. Santa María...

3. *Pedimos a la Virgen para que Jesús consuele a los niños que ya no tienen papás.*
   Todos. Santa María...

(Algunos niños pueden poner otras intenciones particulares).

El Papa Francisco nos recomendó rezar esta oración, que es la primera que se conoce dirigida a María:

Bajo tu amparo nos acogemos, santa Madre de Dios;
no deseches las súplicas que te dirigimos
en nuestras necesidades,
antes bien, líbranos de todo peligro,
¡oh Virgen, gloriosa y bendita!

Estas actividades son para hacer conjuntamente los padres (o uno de ellos) con el hijo o la hija. No es difícil encontrar unos minutos para ayudarles en su formación cristiana.

Catequesis familiar

link

▶ **"La viuda de Naín"**
Canal YouTube Iglesia de Jesucristo*

Ved en familia este vídeo y luego conversamos:

¿Qué es un milagro?
¿Los hombres podemos hacer milagros?
¿Quién es el único que puede hacerlos?

link

♫ **"Eres más pura que el sol"**
© Editorial Casals

Escuchamos la canción. Luego la podemos cantar en familia haciendo karaoke.

Para pensar

La Virgen María es la mejor intercesora que tenemos en el Cielo. Ella presenta a Jesús todas las cosas buenas que le pedimos, como en Caná de Galilea.

¿Qué le podemos pedir por el bien de nuestra familia? Escríbelo:

Un cuento

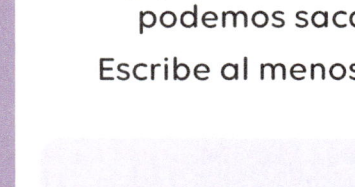

link

"Los milagros de Jesús"
Canal YouTube "Catequizis"

¿Qué conclusiones podemos sacar?

Escribe al menos una:

EL PARALÍTICO DE CAFARNAÚN

link

▶ "Jesús perdona pecados y sana a un paralítico"
Canal YouTube Iglesia de Jesucristo*

OBJETIVO: Acudir a Jesús con la fe de los amigos del paralítico y Él hará milagros.

CATECISMO "Jesus es el Señor", tema 18.

: el :
personaje

Yo era un pobre paralítico. Vivía en Cafarnaún, muy cerca del Mar de Galilea. Mi parálisis me impedía andar, comer, vestirme... No podía hacer nada por mi cuenta. Menos mal que tenía unos buenos amigos que me asistían en casi todo.

Un día Jesús vino a vivir a Cafarnaún y se estableció en la casa de la suegra de Pedro. Enseguida comenzó Jesús a recorrer toda la comarca de Galilea predicando el Evangelio del Reino y curando muchos enfermos.

La gente acudía a escucharle atraída como por un imán. Uno de aquellos días, estaba Jesús en la casa de Cafarnaún. Acudió tanta gente a escucharle que la casa se llenó de gente; muchos tuvieron que quedarse fuera y le escuchaban desde la calle.

¿Qué clase de enfermedad es la parálisis?
¿Jesús curaba enfermedades porque era médico?

Palabra de Dios

"Tus pecados te son perdonados"

(Marcos 2, 1-7)

Mis buenos amigos me propusieron llevarme a Él para que me curase. Yo acepté y rápidamente me llevaron en una camilla a la casa donde estaba Jesús. ¡Pero era **imposible entrar**!

Mis amigos no se dieron por vencidos y uno de ellos tuvo una idea feliz. Aprovechando que la casa tenía una escalera en la parte de atrás, me subieron al tejado, hicieron un boquete en el techo de paja y me descolgaron con unas cuerdas justo delante de Jesús.

Jesús se emocionó al ver la fe de mis amigos. Me miró con mucho cariño y me dijo: "Tus pecados quedan perdonados". Algunos fariseos que le oyeron pensaron que Jesús acababa de decir una blasfemia, pues "¿quién puede perdonar los pecados fuera de Dios?". Lo pensaron, pero no lo dijeron en voz alta.

Actividades

Piensa y contesta:

¿Te parece bien cómo actuaron los amigos del paralítico?
¿Por qué lo llevaron a Jesús?

Curación del paralítico
(Marcos 2, 8-12)

Jesús leyó sus pensamientos y les dijo: "¿qué es más fácil, decirle a éste 'perdonados quedan tus pecados' o decirle: 'levántate, coge tu camilla y vete a tu casa'?". Después me miró a mí y me dijo: "Muchacho, levántate, coge tu camilla y vete a tu casa". Yo me levanté, cogí la camilla y me fui a mi casa dando gracias a Dios por el milagro.

Cuando la gente lo vio, se quedó admiradísima diciendo que nunca habían visto algo igual. Los fariseos, en cambio, se hicieron cada vez más enemigos de Jesús. También di las gracias a mis amigos por todo lo que hicieron, superando muchas dificultades.

Me gustaría concluir con este consejo: ten siempre con Jesús la misma fe que tuvieron mis amigos, para que Él pueda hacer contigo lo mismo que me hizo a mí.

Actividades

Reflexionamos:

Razona qué virtudes destacarías más en los amigos del paralítico:

¿La amistad? ¿La rapidez en actuar? ¿El amor a su amigo? ¿La Fe en Jesús?

De todas esas virtudes, ¿cuál te parece que fue la más importante y decisiva para la curación del paralítico?

el signo

Los **médicos** curan las enfermedades del **cuerpo**

Los **sacerdotes** curan las del **alma**, si estamos arrepentidos

Aprendemos

¿Cuándo fue instituido este sacramento?

El Señor resucitado instituyó este sacramento cuando se apareció a sus Apóstoles y les dijo: «Recibid el Espíritu Santo. A quienes perdonéis los pecados, les quedan perdonados; a quienes se los retengáis, les quedan retenidos» (*Jn* 20, 22-23).

Aprendemos los números 33, 34, 52 y 56 a 60 del Catecismo "Jesús es el Señor"

¡Celebramos!

Lector: Vamos a terminar nuestro encuentro de hoy rezando por los **médicos que atienden a los enfermos**. Y también por los sacerdotes que perdonan los pecados.

- Pidamos al Señor por los médicos y el personal sanitario que cuidan de los enfermos, especialmente de los niños.
R. Jesús, protégelos con tu poder y tu amor.

- Te pedimos, Señor, por las personas que atienden a los ancianos en los centros de mayores.
R. Jesús, protégelos con tu poder y tu amor.

- También te pedimos por los médicos y voluntarios que durante sus vacaciones van a países pobres para ayudar a los enfermos.
R. Jesús, protégelos con tu poder y tu amor.

- Especialmente te rogamos, Señor, por todos los sacerdotes y especialmente por los de los de nuestra parroquia (o colegio) que perdonan los pecados a los que se lo piden
R. Jesús, protégelos con tu poder y tu amor.

Terminamos rezando un **avemaría a la Virgen**, que es *salud de los enfermos*: Dios te salve, María…

Estas actividades son para hacer conjuntamente los padres (o uno de ellos) con el hijo o la hija. No es difícil encontrar unos minutos para ayudarles en su formación cristiana.

Catequesis familiar

link

"La fiesta del perdón"
Canal YouTube "Catequizis"

Ved en familia este vídeo y luego conversamos:
¿Qué es un pecado?
¿Quién es el único que puede perdonar los pecados?

link

♫ **"No se cansó de hacer el bien"**
© Editorial Casals

Escuchamos la canción. Luego la podemos cantar en familia haciendo karaoke.

¿Verdadero o falso?

El paralítico vivía en Belén.

VERDADERO ⬜ ⬜ FALSO

Tenía cinco amigos muy buenos.

VERDADERO ⬜ ⬜ FALSO

Sus amigos le llevaron hasta Jesús.

VERDADERO ⬜ ⬜ FALSO

Jesús le dijo: "Tus pecados quedan perdonados".

VERDADERO ⬜ ⬜ FALSO

Y al final le curó su parálisis.

VERDADERO ⬜ ⬜ FALSO

Para pensar

¿Tenían razón los fariseos cuando decían: solo Dios puede perdonar los pecados?

¿Cómo les demostró Jesús que Él tenía poder para perdonar los pecados?

UN VECINO DE BETSAIDA

link

▶ "Sermón de la montaña"
*Canal YouTube Iglesia de Jesucristo**

OBJETIVO: Descubrir que Jesús nos ha revelado que Dios es un Padre lleno de amor y ternura.
CATECISMO "Jesus es el Señor", tema 13 y 16.

el personaje

Yo soy un vecino de Betsaida, un pueblo de pescadores que está situado al norte del lago de Galilea. Había corrido la voz de que Jesús predicaba y curaba a muchos enfermos. Un día nos juntamos junto al lago muchísima gente de la comarca.

Al ver tanta multitud, Jesús subió a lo alto de una colina cercana y todos buscábamos estar próximos a Él. Algunos consiguieron sentarse cerca de Jesús y otros muchos en la ladera que descendía hacia el lago. ¡Era un espectáculo realmente bello!

Jesús ese día dijo cosas maravillosas. Por ejemplo, que tenemos que amar a todos, también a los enemigos, que no podemos servir a Dios y al dinero, que los pobres serán ricos en el reino de los Cielos...

¿Por qué atraía Jesús a tanta gente?
¿Qué esperaban de Él?

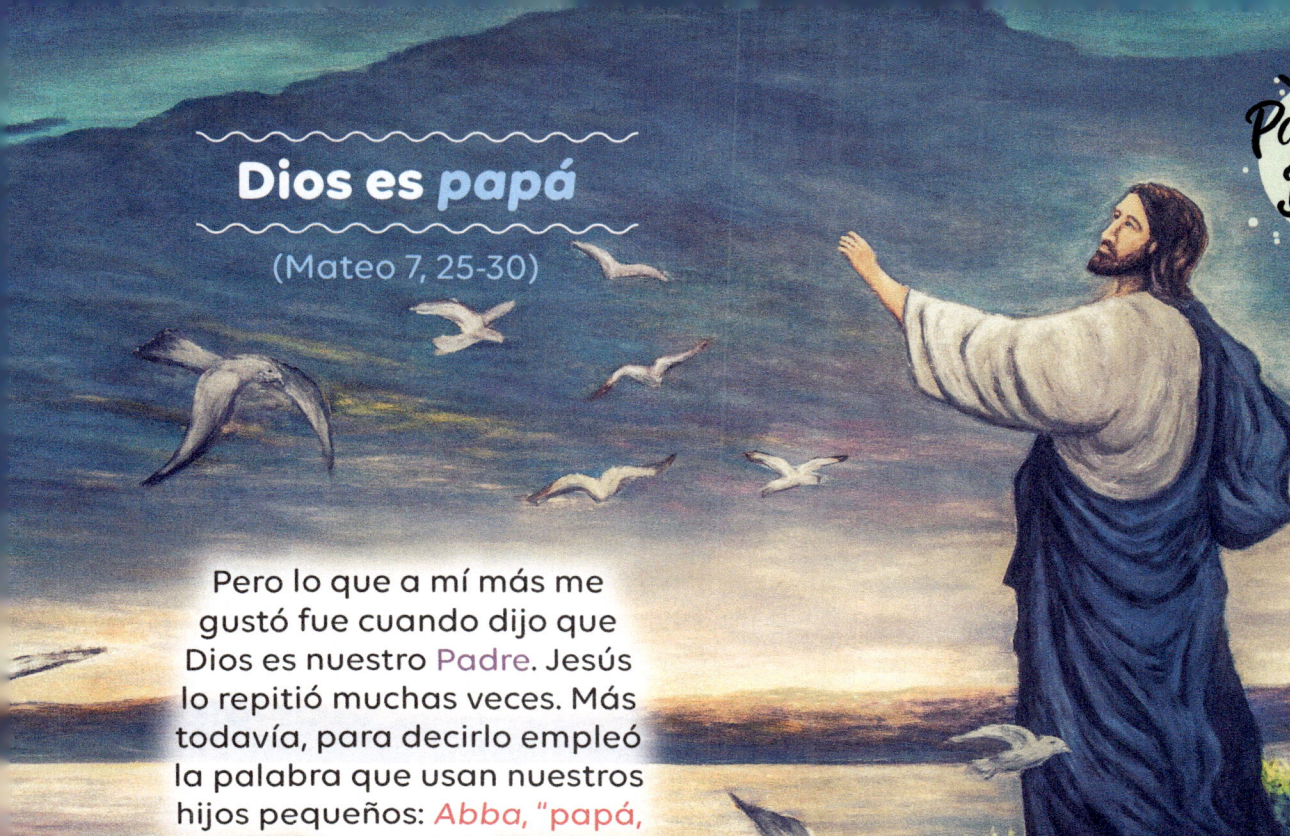

Dios es *papá*

(Mateo 7, 25-30)

Palabra de Dios

Pero lo que a mí más me gustó fue cuando dijo que Dios es nuestro Padre. Jesús lo repitió muchas veces. Más todavía, para decirlo empleó la palabra que usan nuestros hijos pequeños: *Abba*, "papá, papaíto".

Para que lo comprendiéramos nos puso un ejemplo. Dijo: «¿Quién viste a las flores de forma tan hermosa? ¿Quién alimenta a los pájaros? Lo hace vuestro papá Dios. Pues pensadlo bien: vosotros valéis mucho más que las flores y los pájaros. Por eso, no tenéis que vivir agobiados pensando qué vamos a comer o qué vamos a vestir o qué nos pasará en el futuro. Dios cuida de vosotros como un padre bueno» (Cf Mateo 6, 26 y ss.).

Actividades

Completa estas palabras que dijo Jesús:

"Vosotros valéis mucho más que las _____".

"Y más que los _____".

"Dios cuida de vosotros como un _____".

Eficacia de la oración
(Mateo 7, 9-13)

Otra cosa de la que habló fue de la oración. Jesús nos dijo que para hablar con nuestro Padre Dios no hacía falta hablar mucho. *"Tú, para hablar con tu Padre del cielo, entra en tu interior y habla con tu Padre, y tu Padre que ve en lo escondido, te escuchará y te recompensará"* (Mateo 6, 6-8).

Y también nos propuso una preciosa oración: el Padre Nuestro. Si te fijas, otra vez volvió a decir que debemos hablar con Dios llenos de confianza, como hablamos con nuestro papá. Por eso le decimos en esa oración que sea santificado su Nombre, que queremos amar su voluntad; que nos dé el pan de cada día –la salud, el trabajo, etc–, que nos perdone cuando nos portamos mal y que nos proteja de todo mal.

Actividades

Dibuja a un niño o a una niña haciendo oración en silencio. Luego escribe junto al dibujo lo que le está diciendo a Dios.

¡Padre, papá, papaíto!

Jesús nos dijo: «¿Quién de vosotros si su hijo le pide pan, le da una piedra? ¿O si le pide un pez, le da una serpiente? Pues si vosotros siendo malos dais cosas buenas a vuestros hijos, ¡cuánto más vuestro Padre del cielo dará cosas buenas a quien se las pide?» (Mateo 7, 9-11).

el signo

El Padrenuestro

Padre Nuestro, que estás en el _____
santificado sea tu _____;
venga a nosotros tu _____;
hágase tu voluntad,
en la _____ como en el _____.
Danos hoy nuestro _____ de cada día;
perdona nuestras _____,
como también _____ perdonamos
a los que nos ofenden;
no nos dejes caer en la _____,
y líbranos del _____.
Amén.

Aprendemos

Aprendemos el **Padrenuestro**, que es la mejor de todas las oraciones y es el resumen de todo el evangelio.

Aprendemos los números 14, 75, 76 y 77 del Catecismo "Jesús es el Señor" y repasamos los 10 Mandamientos de la Ley de Dios (pág. 90).

Las Bienaventuranzas

Celebramos las Bienaventuranzas que nos enseñó Jesús en el **Sermón de la Montaña**. Ellas son como una "fotografía" de Jesús, pues nadie como Él fue pobre, manso, lloró en la Pasión, etc.

Podemos rezarlas ahora en forma coral, de este modo:

Catequista
Niños

Bienaventurados los pobres de espíritu
porque de ellos es el Reino de los cielos.

Bienaventurados los mansos
porque ellos poseerán la tierra.

Bienaventurados los que lloran
porque ellos serán consolados.

Bienaventurados los que tienen hambre y sed de justicia
porque ellos serán saciados.

Bienaventurados los misericordiosos
porque ellos alcanzarán misericordia.

Bienaventurados los limpios de corazón
porque ellos verán a Dios.

Bienaventurados los que trabajan por la paz
porque ellos serán llamados hijos de Dios.

Bienaventurados los perseguidos a causa de la justicia
porque de ellos es el Reino de los cielos.

Bienaventurados seréis cuando os injurien, os persigan y digan contra vosotros toda clase de calumnias por mi causa. Alegraos y regocijaos porque vuestra recompensa será grande en el cielo.

Estas actividades son para hacer conjuntamente los padres (o uno de ellos) con el hijo o la hija. No es difícil encontrar unos minutos para ayudarles en su formación cristiana.

Catequesis familiar

link

▶ "Padrenuestro"
Canal YouTube "Laudato Si Kids"

link

♫ "Tu palabra me da vida"
© *Editorial Casals*

Escuchamos la canción. Luego la podemos cantar en familia haciendo karaoke.

Para pensar

Jesús nos dijo: «¿Quién de vosotros si su hijo le pide pan, le da una piedra? ¿O si le pide un pez, le da una serpiente?».

Leemos ahora la página 79 del libro y luego rezamos muy despacio la oración del Padrenuestro que está en esa página.

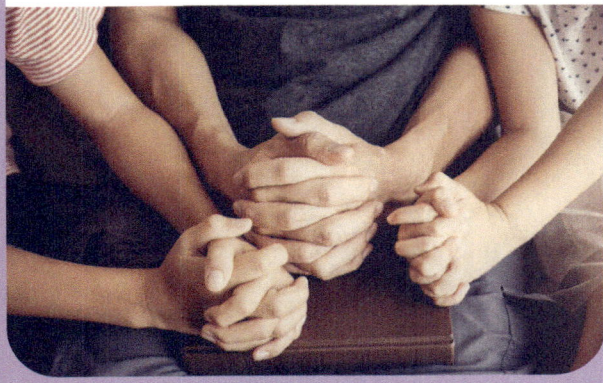

Dialogamos

Jesús nos enseñó que Dios es nuestro Padre. Jesús lo repitió muchas veces. Para decirlo empleó la palabra que usaban en aquel tiempo los hijos pequeños: *Abba* ("papá, papaíto").

Dialogamos:
Si Dios es "Papá":
¿Te quiere mucho?
¿Te puede abandonar?
¿Se puede olvidar de ti?

EL PROYECTO "CATEQUESIS DE ORIENTACIÓN CATECUMENAL": ORIENTACIONES PARA LOS CATEQUISTAS

1	¿Cuál es su principal objetivo?	83
2	Estructura de los encuentros	84
3	La belleza de las imágenes	85
4	Implicar a los padres de familia	86
5	Cómo ponerlo en marcha en una parroquia o colegio	87
6	Los catequistas	87
7	Elementos propios del proyecto: etapas, ritos, escrutinios.	88
8	Medios audiovisuales y anexos	88

¿Cuál es su principal objetivo?

En este proyecto de catequesis, por tanto, no se prepara a una persona *para que reciba éste o el otro sacramento* sino *para que descubra, acepte, siga y aprenda a amar a la Persona de Jesucristo.*

Seguir a Jesucristo *"no es un hecho que interesa sólo a nuestra inteligencia, sino que es un cambio que involucra la vida, la totalidad de nosotros mismos: sentimiento, corazón, inteligencia, voluntad, corporeidad, emociones, relaciones humanas. Con la fe en Jesucristo cambia verdaderamente todo en nosotros y para nosotros, y se revela con claridad nuestro destino futuro, la verdad de nuestra vocación en la historia, el sentido de la vida, el gusto de ser peregrinos hacia la Patria celestial"* (Benedicto XVI, Audiencia 17-X-2012).

Unas **palabras del papa Francisco, dirigidas a los Obispos de España,** son muy adecuadas para entender la actualidad de los planteamientos del presente proyecto: *"El momento actual (...) exige poner a vuestras Iglesias en un verdadero estado de misión permanente, para llamar a quienes se han alejado y fortalecer la fe, especialmente en los niños. Para ello no dejéis de prestar una atención particular al proceso de iniciación a la vida cristiana" (...) y al "acompañamiento de las familias (...) Iglesia doméstica donde se fragua y se vive la fe. Una familia evangelizada es un valioso agente de evangelización"* (Discurso del 3-III-2014).

Estructura de cada uno de los encuentros

Cada uno de los encuentros está pensado para impartirlo en dos semanas. Por eso, en un trimestre podrán impartirse cuatro encuentros. Todos los encuentros tienen la siguiente estructura:

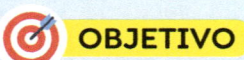 **OBJETIVO**

1. El personaje
2 y 3. Palabra de Dios
4. El signo
5. Celebramos
6. Catequesis en familia

La finalidad de cada uno de los *apartados* es la siguiente:

1. *Introducción:* la primera página de cada encuentro tiene como fin introducir el tema de un modo atrayente y ameno centrando la atención en el "personaje" principal del encuentro cuyo relato nos servirá de hilo conductor a lo largo del tema.

2 y 3. *La Palabra de Dios* ocupa dos apartados. Este es un momento muy importante, pues de una lectura atenta, pausada y bien asimilada va a depender la adecuada identificación con el objetivo que se propone en cada encuentro. La imagen que va en esta página está pensada para que sea comentada por el catequista y ayude a los catecúmenos a identificarse mejor con el texto bíblico. Es el momento de preguntarnos también aquello que Dios nos quiera sugerir o inspirar con esa lectura.

4. *El signo de fe:* en cada encuentro se dedica esta página a un Signo cristiano que expresa esa verdad de fe o esa virtud cristiana (la cruz, el altar, una imagen de la Virgen, el cirio pascual, etc.). Generalmente se añade alguna frase que debe ser memorizada por el catecúmeno.

5. *Celebramos:* esta página, que suele tener contenido litúrgico, tiene como finalidad "enseñar a orar" por medio de un himno, un canto, un prefacio o una oración en común. Es el momento celebrativo de cada encuentro y aquí será importante la dinámica que aplique el catequista para conseguir una participación activa y piadosa de su grupo de catecúmenos.

6. *Catequesis en familia:* Cada encuentro ofrece en la página final unas *actividades para vivir en familia.* Este momento familiar tiene mucho interés pues se ofrece a los padres la ocasión

de vivir un rato semanal o quincenal para conversar con su hijo/a sobre un pasaje del Evangelio, de ver juntos un vídeo con mensaje cristiano o de realizar conjuntamente (padres e hijo/a) una actividad simpática, por ejemplo, una sopa de letras o escuchar una canción.

En estas catequesis los catecúmenos deben aprender a vivir y a orar en comunidad y a participar activamente en la vida y misión de la Iglesia. El Concilio Vaticano II señala a los pastores la necesidad de «cultivar debidamente el espíritu de comunidad» y a los catecúmenos la de «aprender a cooperar eficazmente en la evangelización y edificación de la Iglesia».

La belleza de las imágenes

Un aspecto que hemos querido cuidar de modo especial ha sido la calidad y belleza de las imágenes, tanto las que ilustran los tres libros como las que se trasmiten por medio de los videos y canciones. En este punto hemos seguido la recomendación del papa Francisco en su Exhortación "La alegría del Evangelio": *"Es bueno que toda catequesis preste una especial atención al «camino de la belleza» (via pulchritudinis). Anunciar a Cristo significa mostrar que creer en Él y seguirlo no es sólo algo verdadero y justo, sino también bello, capaz de colmar la vida de un nuevo resplandor y de un gozo profundo, aun en medio de las pruebas. En esta línea, todas las expresiones de verdadera belleza pueden ser reconocidas como un sendero que ayuda a encontrarse con el Señor Jesús"* (Evangelii Gaudium n. 167).

Implicar a los padres de familia

Si buscamos *formar niños o jóvenes cristianos* hemos de considerar la necesidad de implicar a los padres en el proceso de iniciación cristiana de sus hijos (Cf Directorio General de Catequesis, nn 226 y ss.). Como decía un buen y experto párroco: *"Si los padres no están ahí, los chicos no siguen después".*

La experiencia demuestra que, informados y motivados de modo conveniente, un número significativo de padres, a veces poco o nada practicantes, suelen aceptar y apoyar para sus hijos un proyecto de catecumenado sistemático, pues en su subconsciente no quieren para sus hijos la indiferencia religiosa presente en gran parte de la juventud actual.

Además, los padres que se implican en este proceso refuerzan su vida cristiana pues *"la fe crece cuando se transmite"* (Benedicto XVI y el papa Francisco en diversos discursos).

Todos los esfuerzos que se hagan para implicar a los padres en la iniciación cristiana de sus hijos están en la buena dirección, hasta el punto de que ese es el objetivo más importante de la catequesis (Cf. Enzo Biemmi, *El segundo anuncio*. Sal Terrae, págs. 65 y ss.).

No hay recetas únicas para implicar a los padres. Sin embargo, las cosas buenas que se van haciendo, aunque parezca que se camina despacio, dan excelentes pistas.

Cómo poner en marcha este proyecto en una parroquia o colegio

Hay muchas maneras de iniciar un Proyecto de Catecumenado Junior en una parroquia, colegio o movimiento. A continuación exponemos los pasos que, según nuestra experiencia, se pueden dar para iniciarlo:

- **El párroco o el capellán** que lo promueve debería formular por escrito el proyecto con bastante detalle. En este punto será muy positiva la colaboración activa de los catequistas. Y, lógicamente, adecuar lo mejor posible el proyecto a aquellos a quienes va dirigido.

- **Seleccionar a los catequistas apropiados.** Este punto es clave, pues serán ellos quienes han de impulsar y orientar este tipo peculiar de catequesis manteniendo una relación de colaboración cercana y amistosa con los niños y con los padres de los chicos que participan en el proyecto.

- **Tener al menos una reunión trimensual con los padres.** En la primera reunión con ellos se les puede exponer las líneas generales del proyecto de orientación catecumenal y la importancia de su colaboración en bien de sus hijos. A la vez, se les puede comentar en qué consistirían las sesiones semanales o quincenales de "catequesis en familia" previstas para realizar en casa, y se les pueden presentar algunos ejemplos de la última página de cada encuentro que es la dedicada a la "catequesis en familia". Se les hará ver que son actividades sencillas que esta participación espontánea y libre de los padres es muy eficaz para la formación cristiana de los hijos.

- La experiencia indica que a lo largo del curso resulta útil tener **algunas sesiones "on line" con los padres** sobre todo para orientarles en la Catequesis Familiar y cuando sea prácticamente imposible reunirlos para una sesión presencial. Asimismo, el uso del Whatsapp y del correo electrónico facilita el envío a los padres de guiones y, en general, la relación de los catequistas con los padres de los niños. Es un medio eficaz para que aquellos se impliquen de un modo más activo en la catequesis de sus hijos.

Los catequistas

Probablemente un buen número de los catequistas que se encarguen de estas catequesis de inspiración catecumenal sean fieles laicos. Pues bien, los propios catecúmenos y catequizandos pueden encontrar en ellos un modelo cristiano cercano en el que proyectar su futuro como creyentes. El Señor Jesús invita así, de una forma especial, a hombres y mujeres, a seguirle precisamente en cuanto maestro y formador de discípulos. Esta llamada personal de Jesucristo, y la relación con El, son el verdadero motor de la acción del catequista. De este conocimiento amoroso de Cristo es de donde brota el deseo de anunciarlo, de evangelizar, y de llevar a otros al "sí" de la fe en Jesucristo".

Elementos propios del Catecumenado: etapas, ritos, escrutinios

Es tradicional en toda catequesis parroquial o escolar programar algunas *celebraciones de la Palabra* (por ejemplo, la entrega de la Biblia, del Catecismo o del Padrenuestro). Estas celebraciones de la Palabra son muy adecuadas para desarrollar en las catequesis de inspiración catecumenal tanto para los niños como para sus familias, pues refuerzan el sentido religioso y el espíritu de comunidad.

En unas catequesis de orientación catecumenal como las que ahora presentamos estas celebraciones adquieren especial importancia. La **Cuaresma** ha de cobrar toda su pujanza para ofrecer una más intensa preparación de los catecúmenos; y la **Vigilia Pascual** es el tiempo más adecuado para administrar los sacramentos de la iniciación.

En el supuesto de niños y niñas en edad escolar que comienzan su iniciación cristiana, las celebraciones se jalonan según prescribe el **Ritual de Iniciación cristiana de adultos, capítulo V.**

Medios audiovisuales y Anexos

Los *contenidos multimedia* que forman parte del proyecto editado "Catequesis de Orientación Catecumenal" (canciones y vídeos) han sido seleccionados por su calidad y dependiendo de las edades de cada Nivel. En cada contenido audiovisual hay un código QR que dirige directamente a la web de nuestra editorial donde se puede ver cada vídeo o canción.

Son vídeos y canciones muy adecuados para los niños de estas edades; tienen también la virtud de ser bastante breves, pues casi nunca superan los cinco minutos, lo cual facilita su uso en la sesión de catequesis parroquial o escolar y en la familia.

En las páginas finales de cada uno de los tres libros de Niños se incluyen tres **anexos**:

- **Oraciones**
- **Misal**
- **¿Cómo hacer una buena Confesión?**

El *anexo Oraciones* recoge las oraciones cristianas más comunes: el Padrenuestro, el Avemaría y el Gloria; las oraciones más conocidas a la Santísima Virgen: la Salve, el Acordaos, el Angelus; el acto de contrición, etc.

El *anexo Misal* tiene como finalidad facilitar al catecúmeno una breve exposición de las partes y ritos de la Misa que pueda serle útil para participar de un modo atento y piadoso en la celebración dominical de la Eucaristía.

El *anexo Cómo hacer una buena Confesión* puede ser especialmente útil en estas edades en las muchos de los niños se acercan por vez primera al **Sacramento de la Reconciliación.**

La señal de la Santa Cruz

Por la señal de la Santa Cruz,
de nuestros enemigos, líbranos, Señor, Dios nuestro.
En el nombre del Padre, y del Hijo,
y del Espíritu Santo. Amén.

El Padrenuestro

Padre nuestro, que estás en el cielo, santificado sea
tu Nombre; venga a nosotros tu reino; hágase tu
voluntad en la tierra como en el cielo.
Danos hoy nuestro pan de cada día;
perdona nuestras ofensas como también nosotros
perdonamos a los que nos ofenden;
no nos dejes caer en tentación,
y líbranos del mal. Amén.

El Avemaría

Dios te salve, María; llena eres de gracia;
el Señor es contigo; bendita Tú eres entre todas las
mujeres, y bendito es el fruto de tu vientre, Jesús.
Santa María, Madre de Dios,
ruega por nosotros, pecadores,
ahora y en la hora de nuestra muerte. Amén.

Gloria

Gloria al Padre y al Hijo y al Espíritu Santo. Como era
en el principio, ahora y siempre, por los siglos de los
siglos. Amén.

El Credo, símbolo de los Apóstoles

Creo en Dios, Padre Todopoderoso,
Creador del cielo y de la tierra.
Creo en Jesucristo, su único Hijo, nuestro Señor;
que fue concebido por obra y gracia del Espíritu Santo,
nació de Santa María Virgen,
padeció bajo el poder de Poncio Pilato,
fue crucificado, muerto y sepultado;
descendió a los infiernos,
al tercer día resucitó de entre los muertos;
subió a los cielos y está sentado a la derecha de Dios,
Padre Todopoderoso.
Desde allí ha de venir a juzgar a vivos y muertos. Creo
en el Espíritu Santo, la Santa Iglesia Católica,
la comunión de los Santos; el perdón de los pecados;
la resurrección de la carne; y la vida eterna. Amén.

Confesión general

Yo confieso ante Dios Todopoderoso y ante vosotros,
hermanos, que he pecado mucho de pensamiento,
palabra, obra u omisión: por mi culpa, por mi culpa,
por mi gran culpa.
Por eso a Santa María, siempre Virgen, a los ángeles, a
los santos y a vosotros, hermanos, que intercedan por
mí ante Dios, nuestro Señor. Amén.

Acto de contrición general

¡Señor mío, Jesucristo!, Dios y Hombre verdadero,
Creador, Padre y Redentor mío; por ser Vos quien
sois, Bondad infinita, y porque os amo sobre todas las
cosas, me pesa de todo corazón de haberos ofendido;
también me pesa porque podéis castigarme con las
penas del infierno. Ayudado de vuestra divina gracia,
propongo firmemente nunca más pecar, confesarme y
cumplir la penitencia que me fuere impuesta. Amén.

La Salve

*Es una súplica a Santa María Reina, que lo puede todo,
pidiéndole su ayuda y protección.*

Dios te salve,
Reina y Madre de misericordia;
vida, dulzura y esperanza nuestra.
Dios te salve.
A Ti llamamos los desterrados hijos de Eva:
A Ti suspiramos, gimiendo y llorando,
en este valle de lágrimas.
Ea, pues, Señora, abogada nuestra,
vuelve a nosotros esos tus ojos misericordiosos;
y después de este destierro
muéstranos a Jesús, fruto bendito de tu vientre.
¡Oh clemente, oh piadosa,
oh dulce siempre Virgen María!
Ruega por nosotros, Santa Madre de Dios, para que
seamos dignos de alcanzar las promesas y gracias
de Nuestro Señor Jesucristo. Amén.

Bendita sea tu pureza

*Con esta oración alabas la pureza de la Virgen y le pides su
ayuda para ser limpio en pensamientos, palabras y obras.*

Bendita sea tu pureza y eternamente lo sea;
pues todo un Dios se recrea en tan graciosa belleza.
A Ti, celestial Princesa. ¡Oh, Virgen sagrada María!
Yo te ofrezco en este día
alma, vida y corazón;
mírame con compasión;
no me dejes, Madre mía,
ahora y en la última agonía, de mi muerte. Amén

Acordaos

Es una oración en la que demostramos nuestra confianza a la Virgen, nuestra Madre, y que podemos rezar por nosotros y por cualquier persona que se encuentre en una necesidad.

Acuérdate, oh piadosísima Virgen María,
que jamás se ha oído decir que ninguno de los que han acudido a tu protección,
implorando tu asistencia y reclamando tu auxilio, haya sido abandonado de Ti.
Animado con esta confianza, a Ti también acudo, ¡oh Virgen de las vírgenes!; y gimiendo bajo el peso de mis pecados, me atrevo a comparecer ante tu presencia soberana.
¡Oh Madre de Dios!, no desprecies mis súplicas; antes bien, escúchalas y acógelas benignamente. Amén.

¡Oh, Señora mía!

Esta oración te puede servir de ofrecimiento personal a la Virgen. Si quieres puedes decírsela cada día al levantarte.

¡Oh, Señora mía! ¡Oh, Madre mía!
Yo me ofrezco del todo a Ti,
y en prueba de mi filial afecto,
te consagro en este día
mis ojos, mis oídos, mi lengua, mi corazón;
en una palabra, todo mi ser.
Ya que soy todo tuyo,
Madre de bondad, guárdame y defiéndeme como cosa y posesión tuya. Amén.

A las doce, una cita con la Virgen

Es una antigua costumbre cristiana saludar todos los días a la Virgen, rezando a las doce el Angelus.

En esta oración le recordamos a la Virgen María el momento más grande de su vida: cuando el Arcángel San Gabriel le anunció que iba a ser la Madre de Dios.

El Ángel del Señor anunció a María.
Y concibió por obra del Espíritu Santo. *Avemaría*.
He aquí la esclava del Señor.
Hágase en mí según tu Palabra. *Avemaría*.
El Hijo de Dios se hizo hombre.
Y habitó entre nosotros. *Avemaría*.
Ruega por nosotros, Santa Madre de Dios.
Para que seamos dignos de alcanzar las promesas de Nuestro Señor Jesucristo. Amén.

Oración:
Derrama, Señor, tu gracia en nuestras almas para que quienes hemos conocido, por el anuncio del Ángel, la Encarnación de tu Hijo Jesucristo, por su Pasión y Cruz seamos llevados a la gloria de la Resurrección. Por Jesucristo, Nuestro Señor. Amén.

Reina del cielo

En tiempo de Pascua de Resurrección (desde el Domingo de Resurrección hasta el Domingo de la Santísima Trinidad). Es costumbre rezarle a la Virgen el "Reina del Cielo", en lugar del Ángelus, para unirnos a su alegría y a la de toda la Iglesia.

Reina del cielo, alégrate. ¡Aleluya!
Porque el Señor a quien has merecido. ¡Aleluya!
Ha resucitado, según su palabra. ¡Aleluya!
Ruega a Dios por nosotros. ¡Aleluya!
Gózate y alégrate, Virgen María. ¡Aleluya!
Porque verdaderamente ha resucitado el Señor. ¡Aleluya!

Oración:
Oh Dios, que por la Resurrección de tu Hijo, Nuestro Señor Jesucristo, has llenado el mundo de alegría, te pedimos que por medio de tu Madre la Virgen María, alcancemos el gozo de la vida eterna. Por Jesucristo, Nuestro Señor. Amén.

Oración al Ángel de la guarda

Ángel de mi guarda, dulce compañía,
no me desampares ni de noche ni de día,
hasta que me guardes en paz y alegría,
con todos los santos, Jesús, José y María.

Los Mandamientos de la Ley de Dios

Los Mandamientos de la Ley de Dios son diez:

✚ El primero, amar a Dios sobre todas las cosas.

✚ El segundo, no tomar el nombre de Dios en vano.

✚ El tercero, santificar las fiestas.

✚ El cuarto, honrar padre y madre.

✚ El quinto, no matar.

✚ El sexto, no cometer actos impuros.

✚ El séptimo, no robar.

✚ El octavo, no decir falso testimonio ni mentir.

✚ El noveno, no consentir pensamientos ni deseos impuros.

✚ El décimo, no codiciar los bienes ajenos.

Estos diez mandamientos se resumen en dos: Amar a Dios sobre todas las cosas, y al prójimo como a ti mismo.

Los Mandamientos de la Iglesia

Los mandamientos más generales de la Santa Madre Iglesia son cinco:

➕ El primero, oír Misa entera todos los domingos y fiestas de guardar.

➕ El segundo, confesar los pecados mortales al menos una vez al año y en peligro de muerte y si se ha de comulgar.

➕ El tercero, comulgar por Pascua de Resurrección.

➕ El cuarto, ayunar y abstenerse de comer carne cuando lo manda la Santa Madre Iglesia.

➕ El quinto, ayudar a la Iglesia en sus necesidades.

El Mandamiento de Jesús

Dice Jesús:
"Un mandamiento nuevo les doy: que se amen unos a otros como Yo les he amado. En esto conocerán todos que son mis discípulos: si se tienen amor unos a otros"
(Jn 13, 34-35).

Las Bienaventuranzas

➕ Bienaventurados los pobres de espíritu, porque de ellos es el Reino de los Cielos.

➕ Bienaventurados los mansos, porque ellos poseerán la Tierra.

➕ Bienaventurados los que lloran, porque ellos serán consolados.

➕ Bienaventurados los que tienen hambre y sed de justicia, porque ellos serán hartos.

➕ Bienaventurados los misericordiosos, porque ellos alcanzarán misericordia.

➕ Bienaventurados los limpios de corazón, porque ellos verán a Dios.

➕ Bienaventurados los pacíficos, porque ellos serán llamados hijos de Dios.

➕ Bienaventurados los que padecen persecución a causa de la justicia, porque de ellos es el Reino de los Cielos.

MISAL

✚ Rito inicial

En señal de respeto, recibimos al sacerdote de pie. Se canta o se recita el canto de entrada mientras el Celebrante se acerca primero al altar, lo besa y después se dirige a la sede.

Sacerdote: En el nombre del Padre y del Hijo y del Espíritu Santo.
Todos: Amén.

El sacerdote nos saluda.

S. La gracia de nuestro Señor Jesucristo, el amor del Padre y la comunión del Espíritu Santo estén con todos vosotros.
T. Y con tu espíritu.

✚ Acto penitencial

Breve pausa en silencio para recordar nuestros pecados y pedir perdón al Señor.

S. Hermanos, antes de celebrar los sagrados misterios, reconozcamos nuestros pecados.
T. Yo confieso, ante Dios todopoderoso yante vosotros, hermanos, que he pecado mucho de pensamiento, palabra, obra y omisión. Por mi culpa, por mi culpa, por mi gran culpa. Por eso ruego a santa María, siempre Virgen, a los ángeles, a los santos y a vosotros hermanos, que intercedáis por mí ante Dios, nuestro Señor.

S. Dios todopoderoso tenga misericordia de nosotros, perdone nuestros pecados y nos lleva a la Vida eterna.
T. Amén.

✚ Acto penitencial

S. Señor, ten piedad.
T. Señor, ten piedad.

S. Cristo, ten piedad.
T. Cristo, ten piedad.

S. Señor, ten piedad.
T. Señor, ten piedad.

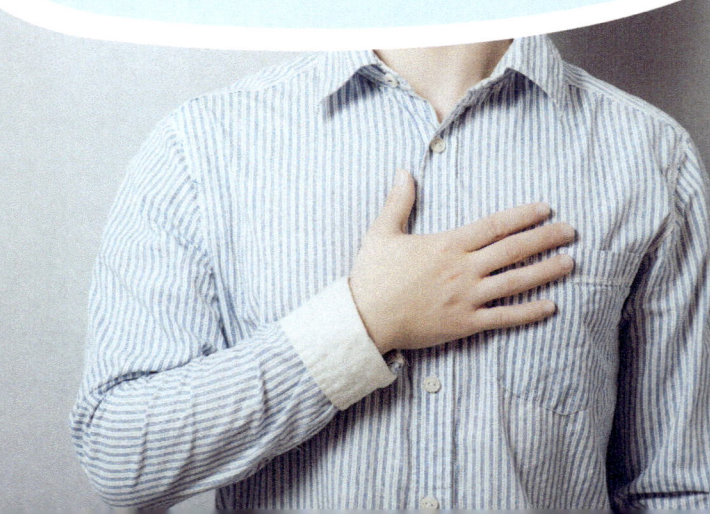

✚ Gloria

El Gloria es un canto de alabanza a Dios Padre,
a Dios Hijo y a Dios Espíritu Santo.

T: Gloria a Dios en el Cielo, y en la tierra
paz a los hombres que ama el Señor.
Por tu inmensa gloria te alabamos,
te bendecimos, te adoramos,
te glorificamos, te damos gracias,
Señor Dios, Rey celestial,
Dios Padre todopoderoso.
Señor, Hijo único, Jesucristo.
Señor Dios, Cordero de Dios,
Hijo del Padre:
Tú que quitas el pecado del mundo,
ten piedad de nosotros;
Tú que quitas el pecado del mundo,
atiende nuestra súplica;
Tú que estás sentado a la derecha
del Padre, ten piedad de nosotros;
porque sólo Tú eres Santo, sólo Tú Señor,
sólo Tú Altísimo, Jesucristo,
con el Espíritu Santo
en la gloria de Dios Padre.
Amén.

✚ Liturgia de la palabra

En esta parte de la Misa escuchamos la Palabra
de Dios escrita en la Biblia para recibirla en el
corazón.

Primera lectura

La primera lectura es un fragmento del Antiguo
Testamento; la segunda lectura suele ser un
texto de las Cartas de los Apóstoles.

El lector termina diciendo: Palabra de Dios.

T. Te alabarnos, Señor.

Segunda lectura

Es un pasaje de las cartas que los apóstoles
escribieron a los primeros cristianos y, por lo
tanto, también a nosotros.

El lector termina diciendo: Palabra de Dios.

T. Te alabarnos, Señor.

✚ Evangelio

*Nos ponemos de pie para cantar el Aleluya
y nos disponemos a escuchar el Evangelio.
Durante la lectura ponemos mucha atención,
imaginamos la escena que estamos escuchando,
como si estuvieras allí, cerca de Jesús.*

S. El Señor esté con vosotros.
T. Y con tu espíritu.

S. Lectura del santo Evangelio según…
T. Gloria a ti, Señor.

Después de la lectura del Evangelio.

S. Palabra del Señor.
T. Gloria a ti, Señor Jesús.

✚ Homilía

*Después el sacerdote pronuncia la Homilía. Nos
sentamos para escuchar al sacerdote que nos
va a ayudar a entender las lecturas y nos va a
animar a poner en práctica la Palabra de Dios.*

✚ Profesión de fe

T. Creo en Dios, Padre todopoderoso,
Creador del cielo y de la tierra.
Creo en Jesucristo, su único Hijo, nuestro
Señor, que fue concebido por obra y gracia
del Espíritu Santo, nació de santa María
Virgen, padeció bajo el poder de Poncio
Pilato, fue crucificado, muerto y sepultado,
descendió a los infiernos, al tercer día
resucitó de entre los muertos, subió a los
cielos y está sentado a la derecha de Dios,
Padre todopoderoso.
Desde allí ha de venir a juzgar a vivos y
muertos. Creo en el Espíritu Santo, la santa
Iglesia católica, la comunión de los santos,
el perdón de los pecados, la resurrección
de la carne y la vida eterna. Amén.

✚ Oración de los fieles

*En ella, unidos al sacerdote, pedimos por
la Santa Iglesia y el Romano Pontífice,
e imploramos a Dios que derrame sus
bendiciones sobre todos los hombres, en
especial sobre quienes más lo necesitan.*

A cada invocación respondemos:

T. Te rogamos, óyenos.

✛ Presentación de las ofrendas

El sacerdote ofrece el pan y el vino que se convertirán en el Cuerpo y Sangre de Cristo. Pon tu vida en la patena y ofrécela a Dios como un regalo que Él santifica. "Jesús, te ofrezco toda mi vida"

S. Bendito seas, Señor, Dios del universo, por este pan... él será para nosotros pan de vida.
T. Bendito seas por siempre, Señor.

S. Bendito seas, Señor, Dios del universo, por este vino... él será para nosotros bebida de salvación.
T. Bendito seas por siempre, Señor.
Invitación a la oración.

El sacerdote pide a Dios que acepte nuestros dones.

S. Orad, hermanos, para que este sacrificio, mío y vuestro, sea agradable a Dios, Padre todopoderoso.
T. El Señor reciba de tus manos este sacrificio, para alabanza y gloria de su nombre, para nuestro bien y el de toda su santa Iglesia.

✛ Invitación a la oración

El sacerdote pide a Dios que acepte nuestros dones.

S. Orad hermanos, para que este sacrificio, mío y vuestro, sea agradable a Dios, Padre todopoderoso.
T. *El Señor reciba de tus manos este sacrificio. Para alabanza y gloria de su nombre, para nuestro bien, y el de toda su santa Iglesia.*

✛ Plegaria eucarística

Comienza la parte más importante de la Misa.

S. El Señor esté con vosotros.
T. Y con tu espíritu.

S. Levantemos el corazón.
T. Lo tenemos levantado hacia el Señor.

S. Demos gracias al Señor, nuestro Dios.
T. Es justo y necesario.

S. Por ese amor tan grande queremos darte gracias y cantarte con los ángeles y los santos que te adoran en el cielo:
T. Santo, Santo, Santo es el Señor, Dios del Universo. Llenos están el cielo y la tierra de tu gloria. Hosanna en el cielo. Bendito el que viene en nombre del Señor. Hosanna en el cielo.

✚ Consagración

El sacerdote extiende las manos sobre el pan y el vino, traza sobre ellos la Señal de la Cruz y pide la acción del Espíritu Santo. El sacerdote recuerda los gestos de Jesús en la Última Cena: "Tomó pan, y dando gracias, lo partió y lo dio a sus discípulos [...]"

S. Tomad y comed todos de él, porque esto es mi Cuerpo que será entregado por vosotros.

Y lo alza para que lo adoremos.
Después hace lo mismo con el cáliz:

S. Tomad y bebed todos de él, porque este es el cáliz de mi Sangre [...] que será derramada por vosotros y por muchos para el perdón de los pecados. Haced esto en conmemoración mía.

S. Este es el Sacramento de nuestra fe.
T. Anunciamos tu muerte proclamamos tu resurrección. ¡Ven Señor Jesús!

S. Por Cristo, con Él y en Él...
T. Amén.

Nos preparamos a la comunión rezando el Padre Nuestro. Recuerda que esta oración nos la enseñó Jesús. Rézala con toda devoción y pensando en las peticiones que tiene para ti.

S. Fieles a la recomendación del Salvador y siguiendo su divina enseñanza nos atrevemos a decir:

T. Padre nuestro, que estás en el cielo, santificado sea tu nombre, venga a nosotros tu reino, hágase tu voluntad en la tierra como en el cielo. Danos hoy nuestro pan de cada día; perdona nuestras ofensas, como también nosotros perdonamos a los que nos ofender; no nos dejes caer en la tentación y líbranos del mal.

S. ...mientras esperamos la gloriosa venida de nuestros salvador Jesucristo.

T. Tuyo es el reino, tuyo el poder y la gloria, por siempre, Señor.

✚ Rito de la paz

S. La paz del Señor esté siempre con vosotros.
T. Y con tu espíritu.
S. Daos fraternalmente la paz.

Todos se dan la paz. En este saludo manifestamos que somos hermanos porque somos hijos de Dios y nos comprometemos a tratar a los demás con cariño, amabilidad, respeto, a no pelear y a trabajar porque reine la paz entre los hombres.

✚ Fracción del pan

T. Cordero de Dios, que quitas el pecado del mundo,
ten piedad de nosotros.
Cordero de Dios, que quitas el pecado del mundo,
ten piedad de nosotros.
Cordero de Dios, que quitas el pecado del mundo, danos la paz.

✚ Comunión

S. Este es el Cordero de Dios que quita los pecados del mundo. Dichosos los invitados a la cena del Señor.

T. Señor, no soy digno de que entres en mi casa, pero una palabra tuya bastará para sanarme.

Ahora con mucho cariño y respeto te acercas a recibir a Jesús. Mientras esperas a recibirlo, piensa en el enorme amor que Jesús te tiene, que quiso quedarse para estar siempre con nosotros, que se convirtió en Pan de Vida para que pudiéramos unirnos a Él.

✚ Rito de conclusión

El sacerdote nos bendice en nombre de Dios.

S. El Señor esté con vosotros.
T. Y con tu espíritu.

S.: La bendición de Dios todopoderoso, Padre, Hijo y Espíritu Santo, descienda sobre vosotros.
T. Amén.

S. Podéis ir en paz.
T. Demos gracias a Dios.

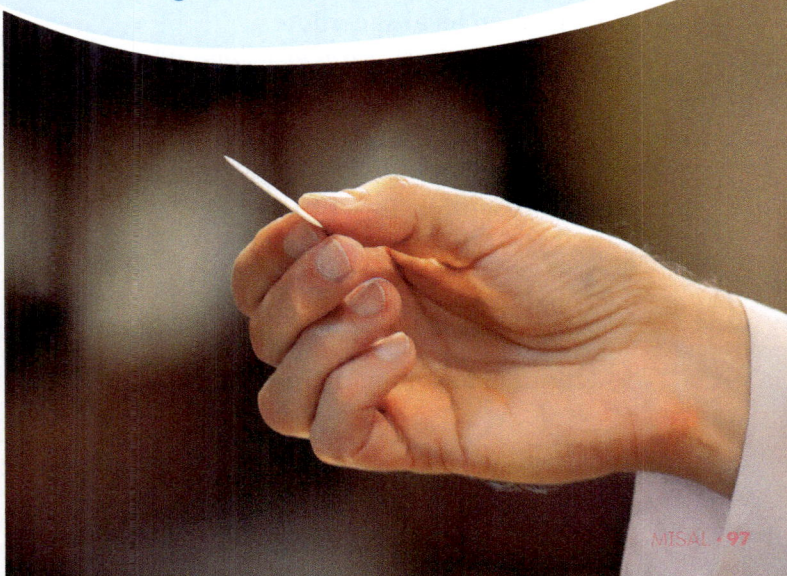

⊕ ¿Qué es el sacramento de la Penitencia?

El Sacramento de la Penitencia (también llamado de la Confesión o Sacramento del perdón) es un "encuentro con Jesús". Él mismo nos perdona los pecados, y lo hace por medio del sacerdote.

En este Sacramento Jesús nos perdonan los pecados cometidos después del Bautismo. El pecado es toda desobediencia a la Ley de Dios (tanto de los Diez Mandamientos de la Ley de Dios como del Mandamiento del Amor que nos ha dado Jesús).

Los pecados pueden ser graves (o pecado mortal) o leves (pecado venial). Los pecados veniales desagradan a Dios y a los demás pero el alma no se aparta totalmente de Dios (sentir pereza, una mentira sin mucha importancia, tener envidia de otra persona, etc.). Pecado mortal es el que nos aparta totalmente de Dios y nos impide recibir a Jesús en la Comunión sin previa Confesión del mismo.

⊕ ¿Cómo confesarse bien?

Para confesarse bien hacen falta seis cosas:
1. Examen de conciencia.
2. Dolor de los pecados.
3. Propósito de la enmienda.
4. Decir los pecados al confesor (a Jesús).
5. Recibir la absolución.
6. Cumplir la Penitencia.

Oración para antes de la Confesión:
Jesús: me duele mucho haber sido malo. Te pido perdón porque te he ofendido. Ayúdame a reconocer mis pecados y a confesarlos al sacerdote, sin ocultar ninguno. Y dame tu gracia para ser mejor en adelante. Amén.

Conviene aprender la oración "Yo confieso"; y el Acto de contrición llamado "Señor mío, Jesucristo".

Oración para el dolor de los pecados:
Señor, dame un corazón humilde y sincero para reconocer mis pecados y para pedirte perdón por todos ellos. Amén.
Puedes rezar la oración "Señor mío, Jesucristo".

⊕ Modo de confesarte:

- Te acercas al sacerdote.
- Le dices: *"Ave María Purísima"*. Él te contestará: *"Sin pecado concebida"*.
- Di cuándo fue tu última confesión (o si es la primera).
- Cuéntale tus pecados. Y avísale cuando hayas terminado.
- El sacerdote te escucha y te dará algunos consejos. Te pondrá una pequeña penitencia y por ultimo te dará la absolución: *"Yo te absuelvo de tus pecados, en el nombre del Padre, y del Hijo, y del Espíritu Santo"*.
- Y respondes: *Amén*.

Oración para después de la Confesión:
Jesús, te he ofendido a ti y a mis padres, hermanos, compañeros y profesores. Gracias, Jesús, porque me has perdonado. Ayúdame a luchar para ser mejor en adelante y agradarte así más a Ti y a mis padres. Amén.

Y no te olvides de CUMPLIR LA PENITENCIA.

✚ Examen de conciencia para hacer una buena confesion

Oración previa:

Jesús, quiero que me ayudes a conocer bien todos mis pecados. Te pido que ilumines mi alma y me des plena sinceridad para reconocer todo aquello en lo que te he ofendido. Amén.

Examen de conciencia:

Amarás a Dios sobre todas las cosas...
- ¿Creo todo lo que Dios ha revelado y nos enseña la Iglesia Católica? ¿Niego o he negado algunas verdades de la fe católica?
- ¿He recibido al Señor en la Sagrada Comunión teniendo algún pecado grave en mi conciencia? ¿He callado en la confesión por vergüenza algún pecado mortal?
- ¿He blasfemado? ¿He jurado sin necesidad o sin verdad?
- ¿He faltado a Misa los domingos o días festivos sin tener un impedimento serio? ¿He cumplido los días de ayuno y abstinencia?

... Y al prójimo como a ti mismo.
- ¿Respeto la vida humana?
- ¿Deseo el bien a los demás, o albergo rencores y realizo juicios injustos sobre los demás? ¿He sido violento verbal o físicamente? ¿He dado mal ejemplo a las personas que me rodean?
- ¿Cuido mi salud? ¿He tomado alcohol en exceso? ¿He tomado drogas? ¿He arriesgado mi vida injustificadamente?
- ¿He mirado vídeos, páginas pornográficas, espectáculos obscenos? ¿He sido causa de que otros pecasen por mi conversación, mi modo de vestir o prestando algún vídeo o revista porno?
- ¿Vivo la castidad? ¿He cometido actos impuros conmigo mismo o con otras personas? ¿He consentido pensamientos, deseos o sensaciones impuras?

- ¿He tomado dinero o cosas que no son mías? ¿En su caso, he restituido o reparado?
- ¿Procuro cumplir con mis deberes de estudiante?
- ¿He ayudado a personas pobres o necesitadas o las he desatendido? ¿Practico el desprendimiento de los bienes materiales? ¿Doy limosna? ¿Cumplo con mis deberes de ciudadano?
- ¿He dicho mentiras? ¿He reparado el daño que haya podido causar? ¿He descubierto, sin causa justa, defectos graves de otras personas? ¿He hablado o pensado mal de otros? ¿He calumniado a otros o he murmurado?

Catequesis
de Orientación
Catecumenal
niños

PALABRA